好妈妈不打不骂
培养男孩300个细节

（插图版）

杨颖 / 编著

成都地图出版社

图书在版编目（CIP）数据

好妈妈不打不骂培养男孩 300 个细节：插图版／杨颖编著. —
成都：成都地图出版社有限公司，2020.9（2023.4 重印）
ISBN 978-7-5557-1465-1

Ⅰ．①好… Ⅱ．①杨… Ⅲ．①男性－儿童教育－家庭教育
Ⅳ．①G781

中国版本图书馆 CIP 数据核字（2020）第 176867 号

好妈妈不打不骂培养男孩 300 个细节（插图版）
HAOMAMA BUDA BUMA PEIYANG NANHAI 300 GE XIJIE（CHATU BAN）

编　　著：杨　颖
责任编辑：游世龙
封面设计：松　雪
出版发行：成都地图出版社有限公司
地　　址：成都市龙泉驿区建设路 2 号
邮政编码：610100
电　　话：028-84884648　028-84884826（营销部）
传　　真：028-84884820
印　　刷：三河市众誉天成印务有限公司
开　　本：880mm×1270mm　1/32
印　　张：6
字　　数：136 千字
版　　次：2020 年 9 月第 1 版
印　　次：2023 年 4 月第 4 次印刷
定　　价：36.00 元
书　　号：ISBN 978-7-5557-1465-1

前　言

男孩从出生那一刻起就注定如此的不同：他们像猴子一样跳墙爬树，就算摔过跤、挨过打，仍然乐此不疲；他们喜欢玩土，喜欢去没有去过的角落探险，刚穿上的新衣服很快就弄得脏兮兮的，还把自己搞得伤痕累累；他们是破坏大王，会把房间搞得一团糟，把新买的玩具拆得一塌糊涂；他们争强好胜，经常与人争执，甚至拳脚相加、大打出手；他们也不把学习当回事，上课不听讲，放学不写作业，连累父母三天两头被老师"传唤"；他们天生一副倔脾气，父母不让做的事偏偏要去做，你说东他往西；他们行事莽撞，不考虑后果，从小到大闯祸不断……

为什么男孩会有这么多不同？ 他们的脑袋里究竟装了些什么？ 为什么男孩如此难管、难养呢？

男孩之所以不同，是因为他们体内存在大量的睾丸素。睾丸素是雄性激素，从襁褓期开始，男孩体内睾丸素的分泌就远远高于女孩。 因此，他们需要一些大胆、疯狂、危险的行为去释放自己的能量，如争吵、打闹、竞争、出风头等。除了这些不安定的个性，睾丸素也带给男孩很多优势：他们精力充沛，总是斗志昂扬；他们喜欢打抱不平，有强烈的正义感；他们的脑袋里总是有很多奇思妙想，喜欢探索；他们性格坚强，从头到脚都透着一股不服输的精神；他们勇于突破现状，干劲十足……

养育男孩是一门艺术。 不打不骂正面管教，给孩子最好的规矩最好的爱！ 真正的教育在细节，真正的教养在家庭。本书结合男孩的心理特征和成长规律，从多角度出发，分析了男孩天性中的优缺点，为父母提供了一套有效的教子方案；重点分析了让父母们头疼的难题，比如：怎样劝说男孩才会听从，怎样让男孩学会面对挫折，怎样避免男孩女性化，怎样帮助男孩安全度过青春期等；全面剖析了养育男孩过程中可能遇到的许多问题，提供了相应的解决方法，帮助妈妈培养出独立思考、有担当、敢做敢为、有爱心的男孩。

2020 年 7 月

目　录

第一章

妈妈决定孩子的一生

妈妈决定孩子的一生

我国的一位人民教育家曾经在特别想念母亲的时候说过这样的话："从小学到高中，我起码经历过百位老师，那里面有给我印象最深刻的，也有对我来说没有任何影响的，但是影响我最深的是我的母亲。我的母亲虽然没有文化，但是她对我的教育却是生命的教育。"

教育研究所的王东华教授在《发现母亲》中提过这样的观点："对于母亲的依赖是人们精神能够一直存在的基础，同样也是人类扩大自己领土的根据，人之所以会有信仰，都是母亲信仰的一种延续。"这句话特别在理，母亲所给予孩子的动力是无穷大的。

那些自信阳光以积极心态面对生活的孩子，他们都拥有一位疼爱他们的母亲。父亲的爱总是表达得特别地含蓄和深沉，他在潜移默化里便会给予孩子一些品格。但是母亲的爱却把这种热情深深地激发出来，让其发挥最大价值。女人天生具备的一些特质，令母亲更加喜欢赞美孩子、时时刻刻关注孩子一些细小的情绪变化、关心孩子是否开心等。父亲会让孩子感受到勇气，但是母亲是让孩子更加深刻了解这种品质并且与孩子形影相随的守护神。

　　春秋战国的王孙贾，15 岁便进入朝廷侍奉齐湣王。淖齿谋反并且行刺了齐湣王，王孙贾胆识过人却不敢声讨淖齿。他的母亲了解到这一切，很是伤心，便对儿子说："你早出晚归，我都在家门口等你，假如你回家特别晚，我就担心地去外面等你。你是国家的臣民，怎么可以在大王生死未卜的情况下，心安理得地回来？"王孙贾听后感到十分羞愧，于是马上号召群众讨伐淖齿，许多人都积极响应，最终讨伐以胜利告终。

有人不明白如何去教育孩子珍惜人生，用积极的心态看待人生。 其实，如果自己是个积极进取的母亲，那么孩子自然也会拥有阳光般的心态。 孩子对人生的感受和领悟，大部分是从母亲身上得到的。 也正是如此，妈妈们才更有信心去改变自己，进而提升自己。
我国台湾著名的漫画家几米画过这样一本漫画，名字是《我的错都是大人的错》，里边有很多金玉良言，非常深刻地剖析出现代家教的矛盾：

有的父母特别爱教训孩子：吃得苦中苦，方为人上人。
但是他们最后吃尽了苦头，为什么没有变成人上人……
大人总是喜欢夸大其词，
可是总是要求孩子做个诚实的孩子。
所有的孩子都喜欢夸大其词，
却说他们的爸爸从未吹过牛。

大人经常对孩子说：要一直坚持自己的梦想。

为什么最先放弃梦想的却是大人？

这些简单的话语，却让大人无话可说。家长总是喜欢做一些自相矛盾的事，说法与行为很不一致。每个父母都想有个让自己感到自豪的孩子，几米道出了真实想法："我明白我从来都不是个完美的孩子，你们也并不是完美的父母，我们必须学会相互容忍，不论多艰辛，都必须要坚强地活下去。"

大多数孩子的不完美都有父母身上的影子。例如妈妈经常觉得孩子没有自尊心，不懂得害臊。是否是由于他的自尊心在父母那里受到特别严重的伤害形成了"抗体"？又或者是他们无法从大家身上获取尊重，从未体会过自尊到底是个什么东西？反映在孩子身上的种种问题，实际上可能都是大人的行为的一个映射。

妈妈和孩子的相处时间是最多的，对孩子造成的影响也是很大的。妈妈总是说孩子不爱读书，可是她自己却也不喜欢读任何书。

孩子的第一所学校便是家庭，母亲便是孩子的第一位老师。家庭教育会在孩子身上留下印记。孩子身上的那些错误，可能是家庭造成的，也可以说是母亲的错误。因此，母亲要想教育出最棒的男孩，就要把自己培养成"全才"妈妈。

孩子是妈妈的镜子

有的孩子很聪明，总是能领悟大人的意思，人们觉得这样的孩子聪明伶俐；有的孩子虽然有点内向，但也会让人怜爱；可是有些孩子，特别不愿意配合别人，就像是自我封闭的小动物，时刻提防而且充满攻击性，众人都会说这是天性所使。其实这些显示的是孩子的一种能力，也就是人际交往的能力。

哈佛大学一位学者指出：在人际交往过程中，其核心便是留意别人的动态，尤其是在观察他人的性格、动机等方面的能力上。

人际交往能够让人更加了解他人，与别人更加开心地工作。这些非智力能力，是后天开发和培养形成的。从出生开始，随着时间的累积，孩子与他人交往的意识会不断扩大，交往的策略也更加的丰富和适当。

在儿童最初成长的阶段，父母都对孩子进行着精心的培养：促进孩子人际交往的发展，为孩子步入社会奠定非常坚实的基础。母亲在培养孩子人际沟通方面，发挥的作用至关重要。

从孩子呱呱坠地开始，母亲和他的接触最为亲密。孩子最初的记忆和模仿对象都是母亲，母亲是和孩子心灵沟通最密切的人。等孩子长大之后，别的孩子能否接纳他不是重点，重点是他如何去接受别人，适应社会。这种被他人接纳的能力便是从母亲那里得来的。一般看来，热情的孩子都会有一个温柔的母亲；而那些性格古怪的孩子往往母亲的性格也是如此。缺乏母爱的孩子，则容易踏上冷漠的极端。

一旦孩子做错了事情，总是母亲来给予安慰和鼓励；当在学校发生什么不愉快的事情的时候，母亲也会耐心地倾听。一位母亲可以做到耐心听孩子讲话，令孩子感受到被尊重、被重视，孩子将会模仿一切，倾听他人的喜怒哀乐，成为一个大家喜欢的孩子。

除此之外，孩子在和别人交往的时候能够做到心态平和，这也与母亲的心态有着很大的关系。能够做到和母亲及时沟通的人，从小便能更明确地表达自己的情感，这是他将来能否与别人自如交流的关键。

妈妈以身作则，男孩"不令而行"

外交部原部长李肇星的儿子李禾禾，以优异的成绩从宾夕法尼亚大学毕业，随后又被哈佛商学院录取。在教育方面，李禾禾的母亲秦小梅认为，榜样的力量是无穷大的。

在李禾禾年仅5岁的时候，秦女士的一位朋友面对巨大的挫折，打电话来寻求帮助。秦女士耐心安慰道："擦干眼泪，车到山前必有路。"此后的某一天，孩子的幼儿园老师对秦女士说："在每一次小朋友哭喊着要回家的时候，禾禾便会去安慰人家，说'停止哭泣，周末便可以看见爸爸妈妈了'。他一边安慰着小朋友，还会一边帮小朋友擦眼泪。"秦女士听后，明白了是自己劝说朋友的场景对李禾禾产生了影响。

另外还有一次，秦女士在和朋友交谈的过程当中，总是会说感谢一词。第二天，秦女士在拿给禾禾东西的时候，李禾禾居然也很有礼貌地说："谢谢！"

通过这两件事情，让秦女士深刻地意识到，父母的言行对孩子有着巨大的影响力。在她看来：孩子的学习能力很强，妈妈一定要注意"身教"的力量，孩子必然会养成好习惯，甚至根本不用怎么去教孩子应该怎么做。

古人常说："其身正，不令而行；其身不正，虽令不从。"只要妈妈自己做好孩子的榜样，不需要要求孩子，他们也会跟着效仿；相反，假如妈妈自己都做不好，却要求孩子做好，哪怕妈妈吼破喉咙也没有用，他听了也不会服从的。因此，只要妈妈了解到这点，根本就不需要对他大吼大叫，把重点放在规范自己的行为上便可以了。

1. 务必要重视身教的力量

教育学者马卡连柯曾说："切记不要认为与他们沟通才是教育孩子。生活中无时无刻、无处不在教育和影响着孩子。无论你们怎么穿衣，如何和别人交谈，怎样和别人相处，你们都会表现出欢喜和不愉快，怎么样对待你们的朋友或者敌人……全部的一切都和孩子有着很大的关系。"的确，身教是最直接的教育方法，同时也是最有利和最有效的方式。

一个小学三年级的小男孩十分热爱读书，假如一天读书的时间没有两个小时，他便会觉得不自在。原来他的妈妈便是很热爱读书的，妈妈每天在闲暇时间都会读书。虽然她没有强求孩子读书，潜移默化中男孩也变得特别地爱读书。

与之相似的例子数不胜数。一有时间就读书的家长，根本不用时刻监督孩子，他会很自觉地去学习。因此，教育的真谛便是榜样。既然如此，妈妈务必要把"吼叫教育"变成"榜样教育"。

2. 帮男孩建立正确的人生观

赵刚是一个喜欢恶作剧、喜欢给别人起外号的孩子，大家对他都很反感。原来，他妈妈在称呼邻居和同事的时候，全都是用外号代称，不叫对方的名字。所以孩子学妈妈的样，给班里的同学起外号，是再正常不过的事情了。

男孩在成长的过程里，对好坏和是非没有很明确的认知。他并没有较强的是非判断能力，不知道什么事该做什么事不该做。他看到妈妈说了、做了，就觉得应该是合理的，他的人生观和价值观都体现在言行举止中。

假如妈妈是个爱撒谎的人，孩子必然不会诚信做人；假如妈妈不懂得孝顺父母，那么孩子也是不会孝顺妈妈的；假如妈妈特别喜欢吼叫，那么孩子说话也不会慢条斯理……因此妈妈想让孩子成为什么人，自己一定要先成为那样的人。

给男孩一个温馨、和谐的家庭氛围

假如把孩子比喻成一棵小树苗，则家庭氛围就像是孩子赖以生存的土地一样，妈妈需要经常浇水施肥，小树苗才可以长大成材。

那么家庭氛围最关键的制造者是谁？便是家长。家长要怎么去营造家庭氛围呢？通过自己的一言一行。假如家长经常吼叫，家庭的气氛就变得令人不舒服，男孩也会感觉很压抑。如果家长总是温柔地说话，家庭氛围就会是温馨和气的，男孩也会觉得很轻松。

假如因为吼叫而破坏了家庭和谐的氛围的话，男孩便会有不愿意回家的想法，这是个危险的想法。注意一下社会现状，那些不好好学习、行为习惯差、最后走上犯罪道路的孩子，大多数都是因为家庭环境不好导致的。

家庭环境对男孩的深刻影响不仅体现在生活、健康方面，更多的是表现在情感、品德等方面。因此，请家长们用伟大的父母之爱让男孩感受到家庭的温馨。

1. 与家庭成员保持良好的关系

小南的爸爸对小南母子关心甚少，妈妈为此很不满。两人经常在半夜里吵架，两人吵架的声音把小南吓得在被窝里面哭。

每次爸爸妈妈吵架过后，小南都没有办法集中精力学习。并且，妈妈也会因为心情不好莫名其妙地向小南发脾气，这更加使小南觉得家庭没有给他带来任何的温馨。

争吵是解决不了任何问题的，并且会让矛盾更加激化。在家庭矛盾这场没有硝烟的战争里面，家长轻易忽略的、最容易受到伤害的便是孩子。因此，为了给孩子提供一个健康成长的环境，请家里人一起努力为他们创造出一个温馨、舒适的氛围。

2. 给孩子一个安静的学习环境

感情中有一种宣泄的方式是大吼大叫，但并不是所有吼叫都是出于愤怒，当家长激动、开心时也是会吼叫的。但是不管是面对怎样的吼叫，男孩的内心都难以平静，因此，家长应该避免吼叫，为男孩创造一个平静温馨的环境。

高女士是一个好客的人，邀请来她家的朋友不是大声喧哗、打麻将，就是唱歌，孩子根本没有安静的环境学习。直到聚会结束，儿子才能好好写作业，可是却已经学不进去什么东西了，因为已经到了睡觉的时间。所以，儿子总是因为无法完成作业在学校被老师批评。

不久，高女士再邀请朋友来家里，儿子便放弃了写作业，而和大人们一起玩。他的学习成绩直线下滑，期中考试竟然考了倒数第一。高女士十分愤怒："你太让人失望了，怎么这么不争气?"

孩子为什么不争气呢? 原因是家长没有给他提供一个舒适、安静的学习环境。 家长既然那么重视他们的学习成绩，就应该为他创造一个优良的学习环境。 假如孩子学习的时候，家长制造很多噪音，或者像高女士那样邀请朋友来家里聚会，必然会影响到孩子学习。 孩子是因为家长才受到了影响，又怎么能把责任都推给孩子呢?

所以，只有家长想尽一切办法为孩子创造一个舒适、安静的学习环境，他才会有精力去吸收精神食粮，才会有良好的品格，才能更好地学习，进而成为一个优秀的男子汉。

◇ 妈妈是孩子的榜样 ◇

男孩在成长的过程中，还没有形成较强的是非判断能力，不知道什么事该做什么事不该做。他看到父母说了、做了，就觉得应该是合理的，他的人生观和价值观都受到父母平时言行举止的影响。

高情商家教思维

1. 为什么说"孩子的错都是大人的错"？

_____

_____

_____

2. 你在孩子身上发现哪些和自己类似的言行？

_____

_____

_____

3. 作为家长，你觉得需要给孩子在哪几个方面树立榜样？

_____

_____

_____

4. 温馨的家庭可以给孩子带来什么？ 试着列举一下。

_____

_____

_____

5. 从本章你能觉察出自己在教育孩子方面的不足和优点吗？

_____

_____

_____

_____

第二章

培养男孩的坚强品格

坚忍不拔是男孩成功的必备品质

作为男子汉，一定要坚忍不拔，一定要坚持不懈地为自己的理想和目标奋斗。

在众多家庭里，许多孩子因为家长的溺爱导致意志薄弱，做事情不能有始有终。

以下是一位母亲的口述：

> 我儿子实在是太软弱了，做事很少能坚持到底。每当他遇到困难，不是要放弃就是要找我和他爸爸帮忙。虽然我们已经向他讲述了很多道理，但他还是老样子，我和他爸爸都十分着急。有时候我们想下定决心叫他自己处理，可是看见他无助的表情，我们又心软了，只能接着帮他处理。可是这样下去，当孩子长大成人之后，怎样在竞争激烈的社会立足？

这个母亲所说的情况存在于很多家庭中，家长由于对孩子的溺爱，替孩子处理了很多事情，会让孩子产生很强的依赖心理，不愿意思考，动手能力严重缺失。

考虑到男孩的健康成长，父母必须停止对男孩的溺爱，培养男孩坚忍不拔的优良品质。

培养男孩坚忍不拔的品质，应该从生活中的小事入手。

快到吃晚饭的时候，爸爸带着3岁的冬冬去超市购物。

购物回来刚踏进小区，冬冬就一直喊累，开始向爸爸撒娇。"爸爸我实在是太累了，快点把我抱上楼。"爸爸当时手里提着两个购物袋，没有办法地说："我也很想这么做，但是你看我这里有这么多东西，腾不出手抱你呀。咱们再坚持走几层就到家了。"小家伙只能跟在爸爸后面上楼。

走到二楼的时候，冬冬又叫累了。"爸爸，抱抱我吧。"听到这样可爱的声音，爸爸有些不忍心，孩子说了两遍同样的话，可能真的是很疲惫了。孩子不能太累了，要不怎么能长个子呢？

"好，爸爸来抱。"爸爸将两个袋子放在一个手上，展开手臂蹲下来，想让孩子上来。他以为孩子会像一只小鸟一样投入他的怀抱，但是冬冬却一动不动。"怎么，不想让爸爸抱抱你吗？"爸爸有些惊讶。"爸爸，你一手拿两个袋子，再抱我的话，就太沉了。我还可以坚持，马上就进家门了。"儿子肯定地说，一步一步稳稳地向上走去。爸爸看到儿子这样，立刻表扬儿子："儿子，你一定会成为一个男子汉的，爸爸以你为荣！"

其实想要培养男孩坚忍不拔的优良品质，并不需要刻意为之。像上面故事中的爸爸一样，通过生活中的一些小事，也可以培养孩子坚忍不拔的优良品质，使孩子成长为一个坚强的男子汉。

1. 要给孩子树立一个具体目标，鼓励他们坚持去做

例如，对男孩来说，冬天按时起床是非常困难的，这就要求父母为他们制订一个具体的起床时间表，并且坚持实施。不要产生怜悯之心，这样会让男孩觉得有机可乘，因此，父母要狠下心来，目的是培养男孩坚忍不拔的品质。

2. 当孩子决心做一件事情并且取得成功之后，一定要给予他们一个爱的奖励

奖励不一定是物质的，可以是一个微笑、一个眼神，抑或是记录下孩子的每一步成长。但是，无节制的奖励是不可取的，这会使小男孩对表扬、奖励这些东西产生依赖心理，作为家长一定要注意这方面。

3. 从培养一些简单的小习惯开始，逐步培养男孩毅力

有一些父母总是觉得自己的孩子做事情不能够持之以恒；也有一些父母认为毅力不是后天训练出来的，因此放弃对孩子毅力的培养。实际上，毅力是能够培养出来的，而增强毅力的最好办法就是培养习惯，这两者是相互促进的。毅力会在培养习惯的过程中逐步形成，反过来促进习惯的培养。

以下是一位母亲的教子心得：

今天，我们带着儿子去爬山。爬到一半的时候，儿子累得坐在地上直喘气。看着儿子上气不接下气的样子，我们做家长的也不想坚持了，然而为了能够培养孩子坚忍不拔的意志，拥有勇于克难攻坚的精神，我们一再鼓

励孩子，并且跟他说，"登山跟学习一样，逆水行舟不进则退，所以你一定要做一个持之以恒的孩子，迎难而上，永远不向困难妥协。"我们不断激励着孩子，一边以身作则向山上登。在我们的带动下，孩子站了起来，最终一鼓作气爬到了山顶。

这件事对孩子的影响很大，在之后的生活里，遇到困难时，他就会想到登山的启示。有一次做课后作业，他无论如何都做不出来，当时已经很晚了，我们便想帮助他完成，但是他却说："我要通过自己的努力研究这道题，找到解题的方法。"

我们对孩子始终是实行爱而不娇、严而民主的方法，注重锻炼他的意志，培养他良好的品德。

有一次孩子生病了，我们不仅照顾得十分周到，更激励孩子勇敢战胜病魔。我们给他讲了张海迪身残志坚的故事，不仅培养了孩子战胜病魔的意志力，而且还让他明白了人与人之间应该互相关心、爱护。

在他生病的这些天，他看到我们整日吃不好睡不安，就跑过来安慰我们说："爸爸妈妈，你们不必着急，我很快就会好起来的。"他也学会了和医生、护士沟通，治疗时积极配合，而且每回打针的时候表现得勇敢："阿姨你放心打吧，我不怕疼。"

正是由于父母的鼓励，男孩才变得坚强。所以，在日常生活中，父母要多给予男孩一些鼓励。

乐观向上让男孩一生充满阳光

当今大多数家庭，伴随着家庭条件的提升，孩子的物质条件也越来越好。特别是现在国际化教育越来越发达，为了让孩子不输在起跑线上，家长可谓是想方设法。

林女士在一家公司做资源管理，她在儿子刚满一周岁的时候，便逼着孩子开始学习文化知识、学算术、学习英语，希望孩子以后能出国学习。陈先生在一家公司做副经理，孩子小的时候，他便开始让他背诵诗词、识字、学习琴棋书画。刘先生十分喜爱京剧，儿子两岁的时候，就替孩子请了专业的京剧家教，希望孩子以后能成为京剧名家。

以上所述的这些事例，体现了家长对孩子有着很高的期望，每天忙着让孩子去学习各种特长和接受各种培训，可以说是煞费苦心。作为儿童教育专家的安德森博士指出：这对于孩子来说并不是局限在特长、智力上面的增长，更要注重培养他们的健康的心理素质和身体素质。

通过下面这个事例，你就会明白拥有一个乐观向上的心态是多么重要。

一个男孩9岁时，母亲去世。22岁时，经商受挫。23岁时，未能成功竞选州议员，在同一年又失业。他想去法学院学习，但是一直都没有取得入学资格。24岁时通过朋友筹到钱经商，在同一年年底，又一次破产；之后，为了把债还清，他用了16年时间。25岁时没有资格入学，又再次竞选国会议员，这次竞选成功。26岁时，已订婚即将结婚的时候，未婚妻去世。27岁时，因精神失常，在床上躺了6个月。29岁时，在争取成为州议员的发言人时又以失败告终。31岁时，坚持成为候选人，不料又失败了。34岁时，参加国会大选落选。39岁时，未能成功获得国会议员连任。40岁时，在自己州内担任土地局长的工作的想法未获得批准。45岁时，参选竞争美国参议员，再次落选。47岁时，在共和党内争取副总统的提名，因得票不足100惨败。51岁时，当选美国总统，并最终成了美国历史上最伟大的总统之一。他就是林肯。林肯用了这样一句话概括他的一生："一定要有积极的心态，这样便胜过拥有一座矿山。"

那么，如何能使孩子拥有一个乐观向上的心态呢？

1. 为孩子营造良好的家庭氛围

孩子成长的环境是家庭，陶冶孩子性格、天赋和情操的土壤也是家庭。 在家庭里面，首先需要父母做一个积极向上的人。 身为家长，尤其是在孩子面前，一定要做个好榜样，不要把工作中的负面情绪带回家，无论遇到什么事情都要保持自信，一定要奋发图强，每时每刻都要用积极乐观的情绪去感染孩子。

2. 经常与孩子沟通交流

要随时关注孩子的情绪，当孩子闷闷不乐的时候，不管自己多忙，都要找时间与孩子沟通，鼓励孩子说说心里话。一定要让孩子感受到家长对于自己的关怀和体贴，满足孩子的情感需求，这样才能促进孩子养成健康的心理。

3. 学会欣赏孩子

现代心理学之父威廉·詹姆斯指出："人最需要的鼓励就是被他人了解与欣赏。"孩子同样如此。 孩子的自尊、自信会因父母对他的了解、欣赏、赞美和鼓励而增强。 所以，就算孩子只取得了很小的进步，父母都要竖起大拇指对孩子说："孩子，你能行！"这样孩子不仅能够体验到被父母鼓励的幸福感，还会保持积极向上的态度。

4. 让孩子享受苦难带来的快乐

孩子在成长过程中难免会遇到困难和挫折，困难和挫折是成长中必不可少的调味剂。 当孩子遭受挫折的时候，这样跟孩子说：这仅仅是人生中一个小小的失败，一定要坚持爬起来继续前进，这样便会在痛苦中收获快乐。 人在经历了困难和挫折后才会更坚强、更勇敢。 让孩子淡定地面对每一次失败，用灿烂的笑容迎接每一天的到来。

5. 让男孩学会自我接纳

自我接纳就是让孩子认识自己，对自己的能力有信心。父母在日常生活中，应努力尝试同孩子和平共处，采取民主的教育方式，及时和孩子沟通，让孩子对自己有自信，勇于表达自己的观点，与父母探讨种种人生问题。父母经常性的肯定会让孩子感到生活阳光明媚，会让孩子更加理解自己，并且在用行动去证实自己、塑造自己、完善自己时表现得更加积极。

6. 用"言传"来教育男孩开朗向上

如何能让男孩通过语言暗示让自己变得更加乐观、积极？想要让男孩产生这种心理暗示，需要通过成人的帮助，比如家长要让孩子在心里对自己说"我可以"。

"我可以"这句话目的在于鼓励、提高孩子的自信心。自信绝非一种轻易的表态，而是由内而外散发的一种气质，它是通过让孩子不断取得成功的经验而获得的，而让孩子不断取得成功的经验，离不开家长的言传身教。

宽容大度使男孩心胸能"纳百川"

　　每一个孩子在父母眼里都是独一无二的，家长都不希望孩子成为"出气筒""受气包"，谁都不想让自己家的男孩成长为一个经常惹是生非的"打架王"。

　　男孩受到体内荷尔蒙激素的影响，在跟同伴交往时，总是会惹出一些小矛盾。在这种情况下，许多家长出于保护孩子的目的，都会把责任归结到对方的孩子身上，这便是双方家长为什么会因为孩子之间的矛盾而大打出手的原因。

　　男孩早晚都要离开父母走向社会。试想一下，如果总是被家长保护，男孩最终会变成一个自私、懦弱、胆小怕事的人。那么，当他突然要面对社会、面对各种各样的人的时候，该是多么胆怯和自私。

　　男孩走向社会之后赖以生存的根本就是与人的交往能力。我们经常可以听到发生在身边的事：有一些成绩十分优异的学生，最后因为不想过集体生活患上了抑郁症，严重的选择了休学，更有甚者居然选择了结束自己的生命。

　　如果男孩在成长的过程中，遇事蛮横、欺负人、任性霸道等，这在社会上是无法立足的；只有学会怎么样同朋友、陌生人相处，用更妥善的方法处理问题，方能驰骋社会。

睿睿是个很懂事的男孩。有一次，他和朋友在公园里面聊得正开心，同班的一个男孩不小心从背后猛地碰了他一下，他没站稳，一下子摔在了带刺的玫瑰花丛里面，手上还扎出了血。睿睿心里充满了委屈。

知道这件事后，睿睿的爸爸赶到了学校。一见到爸爸，睿睿便跑到爸爸的怀里，特别委屈。那个男孩唯唯诺诺地躲在旁边，等着妈妈和班主任的批评。

然而，听了老师的叙述后，睿睿的爸爸微笑着拉了拉这个"闯祸"孩子的手，并且对自己的儿子说："这位同学不是有意的，你看他的表情里面充满了愧疚，他也和你道歉了，你就不要生他的气了吧？过来拉拉手，以后你们还是好同学。"

当两个男孩的手握在一起的时候，大家都松了一口气，终于雨过天晴。

事后这位爸爸说，看到儿子被划伤的手臂，心里也难过。但是，他觉得可以借着这个机会教会孩子宽容、友爱和体谅。

如果自己犯了错，就要向别人承认错误；如果自己被冤枉，更要主动同他人沟通。凭空说教，肯定不如睿睿爸爸这种教育方式好。

诚实守信是男孩的立身之本

诚实守信是中华民族的传统美德，也是一个人可贵的品格。教育孩子养成诚实守信的好习惯，对孩子的成长是有利的。一定要让孩子知道，要想建立属于自己的良好信誉，就要学会诚实、不说谎、信守诺言。假如常常骗人，别人会觉得你不可靠，即使你对别人说的是真话，别人也会持怀疑态度，那时再后悔就晚了。

虽然家长希望把孩子培养成一个守信用的人，但自身的行为却使孩子说谎的情况愈发严重。

在我们的周围，时常会出现这样的状况：

家里地上有个碎了的花瓶。妈妈问这个花瓶是谁打碎的，男孩主动承认了，结果却迎来一顿批评或者惩罚。然而当男孩又一次打碎了花瓶，妈妈问是谁打碎了花瓶时，男孩害怕受到惩罚，便说是狗打碎的，这回没遭到批评。

很多家长就是这样在无意中让自己的孩子学会了撒谎。

这件事听起来很滑稽，可大部分家长可能是这么做的。如此看来，孩子长大以后养成了说谎的陋习，到底是家长的责任还是孩子本身的问题呢？

儿童教育专家安德森博士指出：男孩说谎的问题是他以前主动承认错误后被家长训斥导致的。假如训斥孩子的话，孩子肯定会找借口推脱责任。如果他勇于承认错误后得到的是父母的夸奖或从轻发落，那么，孩子便会喜欢上坦白。这就是大部分家长对孩子教育时的错误所在：对的教育方向、错的教育方式，结果往往南辕北辙。

既然诚信这样重要，那么，我们该怎么样让孩子具有诚信的美德呢？

1. 在关键时期培养孩子的诚信

往往，孩子为了逃避某种事实便会撒谎。比如，糖粒还在孩子嘴上粘着，孩子坚持不承认自己吃过糖果，这种笨拙的谎言往往令家长一笑而置之，认为这是孩子天真可爱的表现。3岁以下的孩子说谎，大多流露出的是本性。可从4岁起，儿童就开始判断正误。实验证明：5岁时，92%的男孩认识到撒谎是不正确的；11岁时，只有28%的男孩觉得撒谎是错误的。显然，最不喜欢说谎的年龄是在5岁左右。所以要重视这个时期的诚信教育，这样才会取得更好的效果。伴随着年龄的增长，男孩便会有辨别谎话的能力，如果让他们认识说谎会受到惩罚，那么，谎言就会减少甚至消失。

2. 父母要给男孩树立正确的榜样

要想培养孩子诚实守信的品格，父母一定要做好榜样。

人与生俱来有模仿能力，男孩同样拥有这种模仿能力，甚至比大人还要强，很容易受到某种行为的影响。

假如家长经常骗孩子，不兑现自己所说的话，就会带给孩子说谎、不守信用的暗示，孩子便会跟着模仿。再比如说，假如父母答应要带孩子去游乐园玩，就应该尽可能地去完成对孩子的承诺，假如有突发状况，也要先考虑事情是否重要，如果不是很重要的话，就要履行承诺，如果事情真的很重要，也要记得给孩子讲明原因。

有时候会需要一些善意的谎言，家长则要先想好如何向孩子表达，至于有些谎言，如果可以避免，还是不说为好。如果孩子一旦发现家长也在说谎，孩子的心理就会出现偏差，会对孩子的身心发展十分不利。

生活中，许多父母都有可能不自觉地对孩子讲一些不诚实的话，抑或没有兑现的承诺。在这个时候，家长一定要放下架子向孩子承认错误，这样才会赢得孩子的信任。要知道，只有家长为孩子做出优秀的榜样，孩子才能受到正面的影响。

从小培养孩子诚实守信的习惯，对于孩子来说会终身受益。

爸爸我实在是太累了，快点把我抱上楼。

再坚持一会儿！

好，爸爸来抱。

爸爸，抱抱我吧。

爸爸，你手里拿着袋子，再抱我的话就太沉了。我可以坚持，马上就到家了。

想要培养男孩坚忍不拔的优良品质，并不需要刻意为之，通过生活中的一些小事，也可以培养孩子这种优良品质，使孩子成长为一个坚强的男子汉。

儿子，你一定会成为一个男子汉的，爸爸以你为荣！

高情商家教思维

1. 为什么说坚强的品格对于一个男孩很重要？ 你和自己的小男子汉交流过这个问题吗？

_____

_____

_____

2. 你给孩子或者孩子自己设定有目标吗？ 有没有定期检视目标实现与否的习惯？

_____

_____

_____

3. 怎样培养一个乐观向上的阳光男孩？

_____

_____

_____

4. 诚实守信是男孩的重要品质，你在培养孩子这个品质方面有什么心得体会？

_____

_____

_____

5. 你觉得怎样培养自己的孩子才能使他变得更加坚强？

_____

第三章

培养孩子的独立性

鼓励男孩大声说出自己的想法

很多男孩面对老师，羞涩地不敢说出自己的想法，面试、演讲、比赛前或者照相时更是不敢上台，常常会有紧张、害怕的感觉。 学习总是不能如意，唯恐出了差错，神经绷得十分紧张……

妈妈跟儿子说："过来，这是李阿姨，快跟阿姨问好。"孩子只是硬生生地拽着衣服的一角，藏在妈妈背后不敢出来。"怎么别人家的孩子都能自己回答问题，你是

怎么回事？你怎么都不说话？"妈妈很大声地问道。看着妈妈生气，儿子的眼泪夺眶而出。

有些孩子在上学前十分活泼，但是现在看见人就害怕；当看见熟人走过来的时候也不打招呼，还容易产生紧张的情绪；有的孩子发现嚼口香糖能够缓解紧张的情绪，便一刻不停地嚼着口香糖，晚上也经常睡不好觉。这些孩子觉得自己的形象不佳，不会主动去和他人交流，看到别人说话流利就会羡慕，不敢笑也不敢大声说话，注意力不能集中，也不会回答老师的问题，弄得人际关系非常紧张。

具体来说，不能够在别人面前说话的原因有两种：

第一种，不想出丑。有的男孩不想在他人面前暴露自己的缺点。如果在陌生人面前讲话，一些拙笨的想法就会表现出来。那么，以后自己怎么立足呢？因此，保持沉默似乎更稳妥。

第二种，在谈话时不知道应该如何组织自己的语言，仿佛被硬拉进另一个世界，感到恐慌而无所适从。有些男孩生来性格内向，气质属于普通的类型，说话轻声轻语，一见外人就脸红，而且会有一种胆怯的心理，做事也前思后想。

其实，孩子不能够大胆说出心里的想法，更多的原因是家长没有及时地培养孩子的自信心。一些家长对孩子懦弱的问题不想办法解决，男孩看到陌生人只是习惯性地躲避、害羞，不相信自己。当他进入青春期后，自我保护意识明显增强，十分注意别人对自己的评价，总是渴望在别人心里留有一个"光辉形象"。为此，他们对自己的每个举动都十分注意，生怕出错。这样的心态让孩子在交往中害怕受到他人的耻笑，还会表现得十分不自然。 时间一长，这样的男孩就不敢和他人接触，也不敢在公共场合说话。 对此，应多给他们灌输正确的思想，让他们真实地表现自己。

"我不敢在太多人面前说话，那会让我心跳加快，大脑严重缺氧……"有的男孩曾经坦白自己的胆怯，并且对此很苦恼。

心理学家通过研究表明：人在说话方面或多或少都有一些不良的心理，然而恐惧和紧张所反映出的不健康的心理，是影响人们正常说话的障碍。

每个人都可能有在说话前后表现出紧张、害怕的心理。沉默寡言、性格内向者如此，天性开朗、充满活力的人如此，即便是演说专家、能言巧语的人也是如此。 一般两岁大的男孩在过马路的时候不会觉得害怕，必须有人警告他这样过马路是很危险的。 同样，当看到一个同学在全班同学面前背诵课文，突然，他停止不背了，变得窘迫慌张，而此时全班却传出阵阵窃笑，这时，我们一定要理解男孩在众人面前说话的恐惧。

既然紧张与害怕是后天形成的，那么就有可能克服。 练习说话的第一个场所是家庭。 男孩在家的时候，我们可以鼓励他讲一个故事。 如果讲不清楚，可以让他拿一本书来看，再练习讲话。 这样男孩便逐渐对语言有了了解，更能学会如何与他人进行沟通。 另外，一定要鼓励男孩多与外人交流。

支持男孩结交好的朋友。 与朋友们频繁来往，也是锻炼口才的一种方法。 毫无疑问，人一生中会有很多的朋友，朋友们也许来自不同的城市，也许处在不同的年龄段，也许处于不同的社会阶层，就职于不同种类、不同规模的公司，所以在和他们相处的过程中会有许多不一样的突发问题。 许多男生都有肝胆相照的朋友，大家在一起聊天，他的胆量也会得到进一步的提升。

1. 一定要对男孩怀有积极的期待

"皮格马利翁效应"又被叫作罗森塔尔效应，中心思想便是：通过大家的殷切盼望，会让我们所期待的人变成我们想要的样子。 研究调查表明，在实践过程中，罗森塔尔效应对男孩有着至关重要的影响。 他认为相互信任是生活里面不可或缺的，人人都需要被别人信任、赞同，当这种需求得到了回应之后，便会备受鼓舞与振奋，有更好的表现。

人们一般这样解释罗森塔尔效应："说你能做到，你就可以，说你不能做到，你就不行。"要让一个人的未来有更好的发展，那么，便应该带给他鼓励与期望。 因为期望能够让一个人向更高更远的目标前进，否定只会让人往消极的方面发展。

2. 家长应给予孩子适度的赞扬

赞扬就像是一个人成长过程中的"饲料"，会帮助孩子获得巨大的鼓舞，让他们拥有雄心壮志，焕发活力。 家长的赞扬对男孩的影响是任何人都给不了的。 曾经有专家研究表明：男孩总是在无意识里按照大人们喜欢的样子去做，目的是为了得到家长的鼓励和赞赏。

任何人都喜欢听好话，特别是成长中的男孩。 所以，在教育男孩时，父母应该多一分鼓励与赞扬，少一分批评与打骂，尤其是面对男孩一些孩子气的做法，千万不要用成人的眼光看待，应该从心底里去夸赞男孩的创造力与想象力："你真棒，比我小时候强多了。"

随着孩子一年年长大，对他们的赞赏更应该胜过批评，这样男孩的进步便会越来越快，他们也会把父母当作成长道路上不可或缺的朋友。假如家长只知道指责，甚至凶狠地打骂，那么，男孩的自尊心就会被一点一点地消耗尽，这样也会摧毁父母与孩子之间宝贵的亲情。

由此引出一个道理：老师和家长对男孩进行积极的心理暗示和男孩的自我肯定之间有着密切的关系。很多家长总是喜欢在外人面前批评自己的孩子，但从来不在别人面前表扬自己的孩子，认为这样做会避免孩子骄傲，更是一种谦虚的表现。但是孩子是最期待受到表扬与赞赏的，特别是当着外人的面。其实，大人也希望能够得到领导的当面表扬，只不过是男孩会把高兴写在脸上，大人却将表情放在心里。

将自己的儿子培养成才的老卡尔·威特认为：家长要学会用赏识的眼光去看待孩子，家长认为自己的孩子是最棒的，这种想法会直接传送到男孩的脑中。

当从父母身上得到肯定和赞扬的时候，男孩也会坚信自己是个有能力、有抱负的人，他们便会表现得十分积极、果断，并且情绪平稳，拥有很自信的心态。所以家长千万不要吝啬对孩子的肯定，这是挖掘男孩潜能的重要途径，更是进一步强化孩子自信的有效方式，对男孩形成人生价值观有着重要影响。

让男孩自己做决定

"横看成岭侧成峰，远近高低各不同。"所有的事情，我们都应有自己的见解，无论是谁提供的意见，都只能作为参照。要坚持自身的想法，不能被其他人的论断绊住了自己前进的脚步。如同墙头草一样两边倒，完全没有自己的立场和做人准则，这样必定是无法迈向成功的。

　　中文系有一名学生费尽心思写了一篇小说，请一位作家品评。由于作家正身患眼疾，于是学生便把自己写的作品读给他听。但是学生却忽然停顿下来，作家追问道："是已经完结了吗？"听他的口气却是意犹未尽的感觉，十分期待后续的故事。教授的追问，充分地调动了这名学生积极性，他灵思泉涌，接着马上说道："并没有结束，其实我的下半部分更加精彩呢。"于是便将自己的构思又一点点地接了下去。

　　又到了一个段落，作家似乎又意犹未尽地问道："在这里结束了？"

　　学生想，一定是我的文章写得十分好，能够引人入胜！学生更加兴奋，于是更慷慨激昂，他接着往下讲起了这个故事……直到作家的手机很不合时宜地响了，打扰了这位学生源泉般的思绪。

原来是有人找这位作家有要紧的事，于是作家便准备离开。匆忙中学生问道："那剩下没有读完的小说呢？"作家说："其实这篇小说应该很快就收尾了，早在我首次询问你是否结束之际，你就应该结束了。为什么后面还要多此一举？该停就应该停下来，在我看来你还是没有把握写作的真谛，特别是缺乏必要的决断。抉择是当作家的重要根基，不然绵延不绝的乱说一通，怎么能够打动读者呢？"

学生感到十分后悔，于是认为这是由于自己性格太容易受外界的打扰，才难以把控作品，自己恐怕不能够成为一名作家。一段时间过后，这个学生又碰到了一位年轻作家，十分惭愧地说了这件事，哪里料想那位年轻作家突然惊叹道："你的反应这么迅速、拥有如此敏捷的思维，编故事的能力强大，你拥有的这些是一个作家必备的天赋呀！倘若你能够正确地使用它，你的佳作必定能够大获好评。"

通过上面这个故事，你一定深有感触。一个没有自身想法的人，或者自身虽然有想法，但却总是根据他人的想法来改变自身想法，人家说什么就是什么，一味地去迎合别人的人，最终都会迷失自我。

我国明朝思想家吕坤就很不支持做事没有主见的人，吕坤认为：凡是做事，一定要通过自己的思考来判断对错，而且要有正确的立场与论点。 所以他说做事情之前就害怕别人讨论。 做一半的时候因为有人提出反对的意见，为此就不敢做下去，这就说明了这个人没有定力，也可以说是没主见。 没有定力和主见的人，不是一个独立的人。

站在家庭教育的立场上，假如家里的男孩成天活在别人的世界里，过于看重别人的看法，尤其是太重视周遭人看自己的眼神，永远存活在他人的世界中，日子久了，便慢慢变得依赖他人，从而失去自我。 这样的男孩肯定不会有独立思考的能力。

怎样让男孩成为一个能独立思考的人？ 这需要父母平时通过小事情慢慢培养。

1.别总拿孩子与他人比较

日常生活中，没有必要总是在孩子的面前夸赞别家孩子如何好。 例如"你瞧瞧别人这事干得多漂亮，多让父母省心""别家孩子穿衣真好看"等。 这样会让孩子怀疑自己是否有能力做事情，甚至会因此逐渐对自己失去信心，导致孩子总仿照别人做事，这样便加重了孩子的从众心理。

2.一定让孩子坚信自己能行

父母一定要扩大孩子的知识面，要从各个角度提升孩子的素质，创造良好的条件，给孩子提供充分实现自我的机会。男孩自己分内的事应让他独立完成，家长也一定要给予孩子足够的赞赏，加强他对自身的欣赏能力，并且相信他自己也可以做得很好。

3. 让男孩有自己选择的权利

当孩子在餐厅选择菜样、购物的时候，家长应让孩子参与到其中来，让他们从小就有发言的权利。做家长的千万不要把自己喜欢的东西强加在孩子身上，比如"我挺喜欢这道菜的""这个衣服更好看""你应该会喜欢这件！"等类似的观点是不正确的。如果每次都是这样，最终会让孩子失去自己的想法。

4. 做一名好的评论家，不如尝试做个好的倾听者

妈妈不要总是对孩子絮絮叨叨说个没完，更不要过分苛责孩子，把自己的命令强加给孩子。最明智的方法是让男孩有自己的想法，做个合格的倾听者。每当孩子在陈述的时候，不要急于打断，一定要耐心地听孩子说下去。

5. 锻炼孩子的叙述能力

要和孩子多多交流图书或者电视的问题，慢慢地指导男孩把从书本中学来的知识或者从电视上看到的内容，有条不紊地叙述出来，或是让孩子把学校里发生的事情讲一讲。家长应该学会默默地倾听，在孩子不能表达自己意思的时候，家长应该给予提示，这种做法有利于训练孩子的逻辑思维能力。

6. 要给予孩子肯定

每次当男孩说出自己的想法时，父母一定要耐心倾听，孩子说话的时候要表示肯定并及时赞扬。如果总是一味地限制孩子想象的翅膀，孩子以后可能再也不会按自己的任何想

法做事了。除此之外，每当孩子的看法不合情理时，家长要温和、耐心地解释，做法要让孩子易懂并且能够接受。

7. 千万不要同男孩说"丢人现眼""太吵了"这样的话语

一定要避免对男孩说"别说了，丢人""太吵了"这样的话语，一定要让孩子相信自己，把自己的看法都倾诉出来。

8. 让孩子参加适当的体育活动，激励孩子当"领头羊"

很多男孩都喜欢运动，在体育活动中，适时地激励孩子充当"领头羊"的角色，锻炼男孩的组织能力以及面对事情时的应变能力。

类似的方法数不胜数。家长要成为一个善于发现的人，这样便会时时刻刻有惊喜。一定要制订针对男孩的培养方案，才可能有期待的结果。

必须强调的一点是，一定要培养孩子独立自主的个性。父母本身一定要是个有"想法"的家长，如果家长自身就没有主见，总是跟从他人的看法，又如何能够奢望培养出独立自主的男孩呢？

在哪里跌倒就在哪里爬起来

刚刚会走路的孩子，总是会摔倒。对于这样的孩子，不同的家长会采取不同的做法：

大多数家长的做法是"扶起来"。当孩子不小心摔倒以后，家长马上把孩子扶起来，拍拍孩子身上的灰尘。有的父母直接抱起孩子不让他自己走路了。这种做法的直接结果就是孩子变得软弱、缺乏独立性、过分依赖父母。

而另一些家长则鼓励孩子"站起来"。家长带着小朋友玩耍的时候，孩子摔倒了，他们一般不会去扶小朋友起来，而是让孩子自己从跌倒的地方爬起来。这种做法可以培养孩子独立自主的能力。让孩子知道摔倒了是因为自己的失误，以后走路要看路，避免再摔倒。

其实，刚学会走路的孩子，走路摔倒是很正常的事。摔倒了应该自己爬起来接着玩耍。但是由于父母的溺爱，会让很小的事变得十分严重。最后，导致有的孩子不想自己爬起来，躺在地上等待安慰。其实，父母一定要克服惊慌、担心的心理，要激励孩子摔跤后自己爬起来。假设一个男孩从小就没有勇于改变自我的态度，将来也不可能成为顶天立地的男人。

人生漫漫，与孩子学习走路一样，总会在不经意间摔倒，就像一句名言说的那样："人生不可能只有成功，也不会只有失败，而失败往往能够锻造出人的抗压能力。"

就人的一生来说，一时的挫折并不可怕，可怕的是缺乏跌倒后再爬起来的精神。一味等待别人的帮助，不如意就自我放弃，从此一蹶不振，这才可怕。一位教育学家曾经说过："人学会了走上坡路，也要学会走下坡路，唯有经历过挫折的人，才能获得完整的人生。"因此父母该跟儿子明确表示："不管在什么地方跌倒，都要自己再爬起来。"

"没有风雨怎么能够见到彩虹"。让孩子从小面对挫折带来的压力，让他们学会跌倒后靠自己的力量站起来。如今的孩子在家里都是"小皇帝"，家长把他当成温室中的花朵，对他倍加呵护，虽然娇艳，却无比脆弱，当他们长大成人以后，怎么能经受住狂风暴雨的洗礼，又怎么能凭自己的力量渡过一个又一个难关呢？所以，父母一定要把培养孩子坚强的品质作为首要任务，时刻教导孩子要凭借自己的力量战胜困难。

1. 对孩子进行挫折教育

假如男孩在成长的过程中太顺利的话，势必会影响他的抗压能力。所以，父母要在孩子成长的过程中，注意对孩子进行挫折教育。很多家长都担心孩子抗压能力差，承受不了挫折，挫折教育会让孩子感到痛苦和紧张。但事实证明，这种想法并不正确。

假如孩子从小便能够经历挫折的话，他们长大后更能经得起挫折。 人生旅途中，到处都是坎坷和荆棘。 假如一个人从小一帆风顺，没经历过挫折，不知道什么叫"失败"，长大成人之后，原本小小的磨难很可能成为他怎么也过不去的坎。 一次小小的挫折，有可能会导致他消沉下去，甚至从此一蹶不振。

在困难中长大的孩子不畏惧困难。 所以，家长应把挫折当作一种磨炼孩子意志的益事，一种不断提高孩子适应能力的途径。

2. 孩子摔倒以后，家长一定要鼓励

在生活中，谁都有经历挫折的时候。 在孩子遇到困难、挫折气馁时，家长应给予大力支持，让他们振作起来。

不少家长都觉得，男孩是坚强的，每当他们遇到困难，自己处理好便可以了。 这种做法有些欠妥。 男孩在遭遇苦难之后，是需要父母的鼓励和支持的。 因为，家长的鼓励和支持会给他们动力，使他们在处理问题时更加得心应手，从而变得更加优秀。

我的生活我掌控

英国一位教育学家曾这样对自己的孩子说："假如我没有能力给你财富，那么，我就给你寻求财富的自信；假如我没有能力给你过人的智商，那我就给你寻求智慧的自信。"

每个家长都希望自己的孩子健康、阳光，那么，如何实现这个心愿呢？

让男孩学会独立是最好的方法。

要让孩子自己做主。很多父母都会觉得：孩子年龄还小，自己哪做得了主啊？假如孩子什么事情都自己做主了，我们需要给他们什么帮助呢？

所有的父母都望子成龙，在孩子的发展中认为自己给孩子安排的就是最好的，总是希望孩子按照自己的方式行动。这种想法是不对的，更不会被孩子认可。

俗话说得好：最好的也许不是最合适的，最合适的也不见得是最好的。如果你的孩子有音乐天赋，一定要按照孩子的兴趣、特长来指导孩子发展的方向，否则，会辜负了孩子的音乐天赋，让孩子离音乐的道路越来越远。

难怪有些家长会这样感慨："家长为孩子操碎了心，但是孩子根本就不领情，不理解我的用心良苦。"

家长为孩子着想，而孩子无法理解家长的苦心，那么，家长是否又理解了孩子的苦衷呢？

教育学家说："男孩的事情要自己做主，自己的事情自己做，出现问题自己解决。要允许男孩犯错误，因为他们会在自己的错误里面成长。"男孩要怎么做才能成为自己人生的主宰呢？

1. 按照成长的自然规律培养男孩

作为独立的个体，每个男孩都有自己的闪光点：自己的爱好、自己的情感、自己的梦想和愿望。自身的发展有着一个自然的进程，无论心灵还是心理都要遵循自身的发展规律。

家长只有在男孩成长的过程中，按照男孩自身的发展规律，理性地帮助、教育男孩，才会达到很好的效果。

一位妈妈说："我儿子真是太闹了，根本就没有安静的时候，不是抠抠手指，就是左看右看，有时候都觉得孩子得了多动症。孩子上了小学后，毛病依旧未改。后来我针对他好动的特点制订了一个作息时间表。儿子特别喜欢看动画片，我便和他达成协议，假如他能够按时完成作业，就可以奖励他看一集动画片。刚开始，儿子会产生一些抵触情绪，但是后来他慢慢养成了习惯，吃完饭便自觉地写作业去了，而且也不做小动作了。"

2. 信任男孩，撒手让男孩做他想做的事情

日常生活中，家长应该多创造机会，古语云："读万卷

书，行万里路。"一定要让孩子做些力所能及的事情，通过做各种事让男孩得到锻炼。

父母需通过具体、细致的示范，培养男孩的自理能力。从小事做起，由简单到难，自己动手做日常的清洁工作，慢慢地学会自己穿衣等。 在生活中让男孩一起参加劳动，儿子做得不好，父母要耐心给予教导、帮助或者激励，并让他们自己独立完成。

男孩通过自己的努力使自身能力得到家长认同的时候，他的满足和快乐是无法比拟的。 体验劳动所带给他们的快乐，会在极大程度上增加孩子的自豪感和自信心。 我国著名的教育学家曾经说过："男孩自己能做的事情就一定要让他们自己做，不能替代他。"撒开手，让孩子去做自己想做并且力所能及的事情，会有意想不到的结果。

有这样一位妈妈，从男孩很小的时候，便开始培养他做一些力所能及的小事情。例如，尽可能让孩子自己穿衣服，虽然他总是会把衣服穿错，但是妈妈只是告诉他扣子怎么扣，从来不会替他穿衣服。

还有一次，男孩穿好了鞋子，跑出去玩的时候，妈妈看见他把鞋穿反了，并且没系鞋带。当时妈妈并没有帮他重新把鞋穿好，反倒问儿子："你觉得鞋穿着舒服吗？"儿子很茫然地看着妈妈，妈妈继续说道："你看你自己的鞋为什么和昨天的不一样呢？是不是穿反了啊？"

儿子看看脚上的鞋，才发现鞋穿反了，赶快将左右脚的鞋调换过来。妈妈这个时候便夸奖他："孩子你做得好极了。"之后妈妈又耐心地教他如何系鞋带。最终，男孩在妈妈的指导下穿好了鞋。

这位妈妈的做法是很正确的，在整个过程中她并没有替代儿子，而是一步一步地帮助孩子，让孩子自己完成所有的事情。

3. 把选择的机会留给孩子，让男孩自己做主

父母不能把男孩视为自己的私有品，更不能视为自己的复制品，假如家长以"是我生你养你的，你有义务替我做这做那"来呵斥、指责男孩，慢慢地，会让男孩失去自我，甚至产生自卑心理。

家长总是以自己的成长方式或者经历来教导孩子，但是却忽略了男孩独一无二的特性。他们拥有自己的想法和意识，而且现在的男孩所处的时代已经与家长当年所处的时代有所不同了，教育的方法不能简单粗暴。

男孩的潜能是无限的，父母需要正确地引导孩子，而不是把自己的想法硬加在孩子身上。当孩子提出问题之后，家长千万不要急于回应，而是应该让他自己探索解决的方法，然后再一起探讨。当男孩的好友来家里做客的时候，放手让男孩去接待客人。通过生活中的一些小事，让男孩明白：做事情一定要有自己的主见，要通过自己的思考来判断是非。对于男孩的事情，不要过多地插手，这样才能逐渐地培养起男孩独立自主的思想意识。

◇ 培养孩子的独立性 ◇

从男孩很小的时候，便要开始培养他做一些力所能及的事情。这位妈妈的做法是很正确的，在整个过程中她并没有替代儿子，而是一步一步地帮助孩子，让孩子自己完成所有的事情。

高情商家教思维

1. 你的孩子胆小吗？ 他敢于在公众场合大声说出自己的想法吗？

_____

_____

_____

2. 你经常替孩子做决定吗？ 还是引导孩子自己做决定？

_____

_____

_____

3. 让孩子做决定，孩子遇到挫折怎么办？

_____

_____

_____

4. 你的孩子在独立性方面有哪些做得比较好的，还有哪些不足之处？ 作为家长，你觉得应该怎样帮助孩子提升独立性？

_____

_____

_____

_____

第四章

注重与男孩的沟通

表扬男孩有窍门

"吃软不吃硬"是很多男孩的性格特征，所以在教育男孩的问题上，很多教育学家都建议采用"欣赏教育"的方式。陶行知是我国著名的教育学家，在他任校长期间，曾经这样教育过一个男孩：

有一次，校长在校园散步，看到一个手里拿着砖头的男孩正追着另一个同学跑过来，他连忙制止住了这个男孩，并告诉他一会儿去一趟校长室。

男孩在他回到办公室前已经在那儿等他了。校长用一块糖奖励男孩比自己来得早，男孩惊讶地接过校长手中的糖。校长用第二块糖奖励男孩因自己的制止及时住手，男孩低下头并接过了糖。校长对男孩说："我已经了解过了，你之所以那样，是因为那个同学欺负女生，这证明你很有正义感，知道帮助弱小。"于是奖励了他第三块糖。

男孩在这个时候哭了起来："校长是我不对，就算是他再不对我也不应该用砖头追着他。"这时，校长拿出了

第四块糖："这很好，你能自己认识到自己的错误，这是
奖励你的最后一块糖。我的糖都奖给你了，我们也该结
束谈话了。"

教育家从头至尾没用一句批评的话语，男孩却通过教育
家的四块糖和四句表扬的话认识到了自己的错误。由此可
见，表扬的威力是巨大的。在生活中，很多家长都赞同这
种赏识教育，并经常给予自己的孩子表扬，但是他们在试过
几次后总会摇头说："这种方法不适合我家孩子。"果真是
这样吗？那么这些家长都是用什么方式来表扬自己的孩
子呢？

一位妈妈了解"赏识教育"后，决定改变之前的教
育方式。对于儿子所做的事情，不论好坏，她都夸赞：
"儿子，你真是太棒了!"儿子被妈妈这突如其来的改变
弄得莫名其妙。最后，被搞得莫名其妙的男孩摸着妈妈
的额头说："妈妈，你不会生病了吧?"

表扬是一种奇妙的教育方法，这方法在那些顽皮的孩子
身上最起作用。但是表扬更是一门语言艺术，要讲究方法技
巧，如果做妈妈的不分场合和事件，只是一味地夸赞男孩，就
会让男孩不知道妈妈在做什么。有的时候，甚至还会让男孩
感到厌烦，"虚伪"便是男孩给家长下的定义。
表扬可以促进孩子的成长，适当的赞扬能够提升孩子的
自尊与自信，甚至还能增强他们面对困难的勇气。那么家长
在表扬孩子的时候有什么窍门呢？

1. 了解男孩渴望关注和赏识的心理

在实际生活中，很多家长总是埋怨自己的孩子习惯不太好，比如和同学打架、不听父母话等。难道这些男孩真的以此为乐吗？事实上并不是这样，家长通常会忽视孩子的好行为，比如孩子有时也会安安静静地在一旁和小朋友玩，有时也会做家务……但这些都不能像他们捣乱那样吸引父母的注意力。所以，有些男孩希望用捣乱来引起父母的注意。

家长如果没有表扬男孩的习惯，可以从现在开始试一试，观察他做了什么，如果满意他现在的表现，那么就马上表扬他。表扬可以让孩子产生很大的变化，他的行为将会在表扬后发生很大的变化，会让他做出越来越多让父母满意的行为，那些不良的习惯也会随之减少。

孩子对表扬产生的依赖性是家长不必担心的。当你的男孩越来越令大家满意时，他也会感受到其中的乐趣，因此一定会把这些良好的习惯坚持到底。

2. 从内心赏识你的男孩

"赏识教育"是要家长从内心欣赏自己的孩子，而不只是口头上的敷衍。对年龄较小的孩子来讲，也许他们并不了解父母是否真正欣赏他们，只要父母肯定他们的行为，对他们说"你是最棒的"，孩子就会很兴奋。对于那些年龄稍大的孩子来说，特别是男孩，父母真正的赏识才是他们需要的。如果父母并不是从内心深处赏识自己的孩子，只是表面敷衍的话，他们一定会觉得父母在欺骗他们。这样不但对父母和孩子的沟通没有益处，而且很有可能会影响到父母与孩子之间的关系。

可能有的父母会说，自己的男孩很普通，没什么比别人优异的地方。这种想法本身就是错的。任何一个孩子都会有自己的优点和缺点，只要父母全面地了解孩子，都会发现孩子的优点。父母只有真正而全面地了解到孩子的优点后，才会发自内心地欣赏他。

3. 表扬男孩的行为，而非他本身

某天，一位学者到外国朋友家做客，朋友家 10 岁的儿子，礼貌地拿出水果招待他。男孩将一个苹果递给了他，这位学者很认真地对他说："你长得真可爱。"朋友在男孩回屋后很严肃地对他说："你必须向他道歉，因为你伤害到了我的儿子。""我这是赞美！怎么是伤害呢？"学者一脸疑惑。

"这就是问题的所在，你夸他的长相，这是父母给予的外在，不是他自己通过努力得来的。而他热情地和你打招呼，并递给你水果，你却忘了表扬他的礼貌待人。"朋友认真地说。后来学者很认真地和男孩道歉并对他的礼貌进行了赞扬。

在日常生活中，很多父母也常常会犯类似于这位学者所犯的错误。假如你工作一天回到家很累，儿子帮你拿拖鞋并给你捶背，这个时候，你夸儿子是好孩子，倒不如换个方式来表扬孩子："你捶得很好，妈妈觉得轻松多了。有你这样一个孝顺的好孩子真是妈妈的福气。"男孩会因为你的话而明白孝敬长辈是一种美德，他也会因此感到自豪。

3. 在他人面前表扬你的男孩

很多家长都会在别人夸奖自己孩子的时候说："哪优秀啊，这孩子顽皮得很。你的孩子多好，又懂礼貌，学习又好。"事实上，父母的这种做法并不正确，因为孩子听到父母这么说时，他的心里会感到很失落，尤其对于那些事实上很优秀的男孩。有的时候，孩子还会觉得自卑：原来，与别的孩子相比，我在父母的眼中就是这样啊。

事实上，在遇到这种事情的时候，父母完全可以在别人面前表扬赞赏自己的孩子。孩子会因为父母的夸奖而向着更好的方向去努力。在别人赞赏自己的男孩时，明智的家长可以这样说："孩子是通过自己的努力才取得这些成绩的，我们希望他能向着自己的目标逐步迈进。"此外，在他人面前赞赏自己的男孩时，一定不要过度夸奖，避免孩子骄傲。

4. 通过他人之口表扬你的男孩

小虎的叔叔是大公司的企业家，小虎把这位叔叔视为偶像。有一回，小虎从叔叔家做客回到家，妈妈随口说了一句："叔叔说你今天很有礼貌。""真的?"小虎一脸惊讶与兴奋。"当然了，我亲耳听见的。"妈妈回答。

后来，小虎总会和遇到的熟人打招呼、问好、主动帮助他人……也越发懂礼貌了。妈妈察觉到了，每次小虎从叔叔家做客回家之后，妈妈都会悄悄地告诉他："小虎，叔叔和我说，你总是抢着帮忙做家务，都成了个孝顺的大孩子了。""叔叔夸你学习进步了，说你以后一定有出息。"之后，小虎每次从叔叔家做客回来都会有不小的改变。

　　男孩在心里有崇拜的人，借助他们崇拜的人来表扬他们，往往会对他们产生很大的影响。　男孩很看重自己的面子，尤其不能在自己崇敬的人面前丢面子，他们会因为偶像的一句话而朝着目标努力。　因此，借助他们崇拜的人来表扬你的男孩，对孩子的成长能起到极大的推动作用。

批评男孩有技巧

那些喜欢折腾的男孩总会受到父母的批评。确实，这些男孩在成长之路上总会不可避免地犯下这样或那样的错误。于是很多家长都习惯了批评自己的孩子："我早就跟你说过不让你这样做，你看，你总是不记得。""你房间怎么这么脏！""又把房间弄得这么乱，快去收拾干净！"

对于有逆反心理的男孩来说，责备、批评并不是最好的教育方法，不能对男孩的教育起到任何效果。

第一，过分地责备会使男孩对批评产生"抗体"，换句话说，孩子会对批评没有反应。这个时候，批评对他来讲根本起不到任何效果。

第二，孩子会因为父母的批评产生叛逆的心理。父母越不让他们去做的事情，他们越要去做，而父母想让他们去做的事情，他们却偏偏不去完成。这样的教育结果是父母不愿意看到的。在这种情况下，父母和男孩之间是根本不可能进行正常的交流沟通的，这样很容易使父母和孩子的关系恶化。最令人揪心的是，男孩可能会因为亲子关系的破裂而误入歧途。

但是有时批评也是可以起到一定效果的。对于孩子那些故意捣乱的行为，还是要借助批评教育的方法来让他们意识到问题所在。因为家长如果不对他们进行批评教育，他们就不会有是非观念，所以，只有正确适宜的批评才能使男孩更快更好地吸取教训，从而健康快乐地成长。

赞美孩子是有诀窍的，同样，批评孩子也是有诀窍的，重要的是，要掌握批评孩子的时机。教育专家给出了下列五种情况，在遇到这五种情况时，家长是不能批评孩子的：孩子在和你讨论某个私人问题时；孩子情绪激动没有表达清楚到底发生了什么事情时；孩子因某一件事情感到很兴奋的时候；孩子需要求得别人的帮助来作出决定时；父母想和孩子交流某件事情的时候。在上述的几种情况下，如果父母批评了孩子，会极大地打击他们做事的积极性，或者会伤害到他们的自尊心。因此，在批评孩子前，父母一定要考虑清楚。

在教育孩子时，一定要谨慎批评。怎么才能掌握好批评孩子的尺度呢？家长可以参考下面几种方法。

1. 只批评男孩的行为，而非人格

家长在批评男孩的时候，要遵守这样一个重要的原则：那就是批评的是男孩错误的行为，而非他的人格。大多数家长批评孩子的时候都会说这些话："你真是太笨了，只考了这么一点分数！""你这孩子一点都不诚实，总是满嘴谎言。""你就不能争气一些！"

帮助孩子改正缺点是家长批评孩子的目的。可是仅仅因为男孩的一次考试失误，家长就说孩子笨，或者因为孩子说了一次瞎话，家长就给他打上不诚实的"烙印"……如此，不

但会让男孩很难改正自身的缺点，还会让男孩认同家长的观点。 也就是说，家长这种对孩子人格的批评会严重影响孩子的成长。

那么，家长怎样批评才可以使男孩的自尊心不受伤害呢？ 明智的家长会这样说："这回的考试，你没有好好复习，导致没能考好，下次改正吧。""偷偷去网吧不是一个好孩子应该做的，好孩子要诚实，知道了吗？"

此外，家长还应该学会建议性地批评孩子，就是当孩子自身的行为不正确的时候，家长应该采用建议性质的批评技巧来帮助孩子，把孩子的错误行为矫正过来。

假如孩子玩了一天没有写作业，家长应当采取这种方式来给予批评："我昨天很担心你，上网会影响你的学习不说，更会影响你的身体。 你曾经答应过我不再这样长时间地上网了，你却没有遵守诺言。 我希望你明天可以在上网前把作业写完。 我相信这样做的话，你能劳逸结合，而且会变得更为优秀！"

上面的这段话，家长既指出了孩子的错误，又给出了好的建议，同时话中又包含了对男孩的期望，激励孩子尽快改正自己的错误。 相信男孩在听完这些话之后，一定不会再让家长担心了。

2. 不要当众批评你的男孩

聪明的父母从来都是在别人面前夸奖自己的孩子，对孩子进行批评教育时都是单独在家里。 当父母在他人面前夸奖孩子后，经过大家的一番传播，对孩子的影响会更大，孩子会因此增加自信，并会产生一个目标，在随后的日子里，孩子会因想完成这个目标并得到赞扬而更加努力。 而当众批评孩子会让他们失望、无地自容，这样的话，家长对他们进行教育的工具也就失效了。 这其中的道理需要父母认真想一想。 如果男孩在众人面前毫无颜面可言的话，他们很可能会放弃自己的形象，以后也可能会做一些不好的事情。 因此，当众责骂孩子是最不可取的教育方法。

3. 要让男孩心服口服

对于批评男孩这件事，让他们服气才是最重要的。 说起来简单，做起来难。 怎样的批评是适度的批评，既能让他们领会采纳，又能让他们心里服气呢？

这是一位教育学家的观点：即使是在激动的情况下，父母也应该保持冷静的大脑和理智的思维，批评孩子的时候不能是在情绪不稳定的时候。 这位教育学家说，父母教育孩子，一味地靠强制是起不到任何作用的，只有让孩子把他们心里的想法表达出来，他们才能反省自己，心里才会服气。

纠正男孩的错误，让孩子从心里认识到自己的错误，这位聪明的爸爸为我们提供了榜样。

一个周六的早晨，爸爸想让儿子安安静静地在家复习一下功课，没想到孩子却要和早已约好的伙伴一起踢足球。男孩这种不爱学习的态度让爸爸很生气，但他抑制住自己的情绪，把儿了叫到了身边，说要和儿子说两句话。

爸爸说："儿子，最近在学习方面好不好啊？"男孩说："不好。"爸爸说："一个学习成绩不优异的学生有什

么脸面总想着玩?"男孩低下了头不再说话。爸爸说:
"我觉得这世界上有三种学生,一种是只知道学不知道玩
的,一种是只知道玩不知道学的,一种是玩和学都不耽
误的。你觉得自己属于哪一种呢?"男孩说:"第二种。"
爸爸说:"那你自己希望你成为这三种学生中的哪一种
呢?"男孩说:"当然是第三种了。"爸爸说:"没错,爸
爸也希望你是第三种人,但我相信,只要我的儿子能够
努力学习,很快就能够成为这种学生了。"

男孩不住地点头表示认同。不一会儿,他问爸爸:
"爸爸,那我今天还可以和小朋友出去吗?"爸爸说:"怎
么不能去啊,你和伙伴说好了,又怎么能失信于他们
呢!"之后,男孩果然把大部分精力都用在学习上了。

要想让孩子从心里认识到自己的错误,只是一味地指责
和批评是达不到目的的。家长必须要了解各个年龄段男孩的

心理，在必要的时候，家长还需要给男孩讲一些男孩觉得非常认同的道理，让孩子从心里服气。

4. 对男孩要赏罚分明

批评只是教育手段的一种，它是通过一些惩罚性质的措施来实现的，把其中的道理教给孩子，以免下次再发生类似的事情。所以，批评并不是最终目的，而是一种纠正错误的手段。有赏有罚是家长在教育孩子的时候要做到的，不能言而无信，不然不仅教育目的不能被男孩理解，希望的教育效果也达不到。

一个男孩撒了谎，被妈妈发现了之后，受到了妈妈严厉的批评，男孩很伤心并且哭了起来。看到自己心爱的儿子这么伤心，妈妈就给他买了一个冰激凌来安慰他。

一位教育专家看到了这一过程后，问孩子的妈妈："你批评你儿子的原因是什么？""他撒谎了。"孩子的妈妈说。"那买冰激凌是为了什么？是在表扬他撒谎还是作为他伤心的补偿？"教育专家问孩子的妈妈。孩子的妈妈无言以对。

要严格地按照制定的规则执行，否则，以后制定的所有规矩都有可能会被男孩打破。

小男子汉喜欢你与他商量

如果父母告诉男孩："你一定要沿着这个方向走。"男孩反而不会沿着父母给的方向走，而是朝另外的方向走。如果父母对男孩说："宝贝，在东面有个游戏场，我们想带你去那里玩，你开开心心地玩还能锻炼身体。"这时候孩子就会很高兴地朝着家长说的方向走。男孩"吃软不吃硬"的性格就是这样，他希望父母把他当作一个小大人，希望自己的意见可以被父母重视。

斯宾塞是英国著名的教育学家，他说过："下命令这种方式并不完全适用于孩子，在其他方法都失败的时候才可以使用。要尊重孩子的意见，相互理解、相互尊重是两代人沟通的关键。和孩子之间的理解就是有什么事情的时候可以让他参与其中，并且一起商量办法。"

所以，为了让男孩尽快地茁壮成长，父母有时可以和孩子商量一些必要的事情。这样不仅能够避免一些不必要的争吵，最重要的是，还可以教会男孩以后如何待人接物。

在孩子年纪还小的时候，妈妈就凡事和他交流沟通，听取他的意见，还常把"只有让妈妈高兴，妈妈才能给你买你想要的东西。"这句话挂在嘴边。 可是妈妈怎么样才能高兴呢? 妈妈告诉儿子,把身上的坏毛病改掉、经常帮助妈妈做些家务等这些事情都可以让她高兴。

用这种方式教育孩子,会让小男孩从小形成一套属于自己的思维方式。 为什么这样说呢? 那还要从男孩的一次"伟大"经历说起。

　　小勇是小亮的好朋友,他们是同班同学,所以小亮放学后经常去找小勇玩。小亮的妈妈对此有些担忧:两个活泼的小男孩在一起玩,会不会把家里闹得天翻地覆,小勇的家长会不会因此感到厌烦? 小亮的妈妈正在犹豫是否给小勇家打个电话,和人家说句对不起时,小勇的家长先把电话打过来了,对方和善地对小亮的妈妈说:"你家孩子真懂事,来就来吧,还帮我打扫家里的卫生,他经常在家里打扫卫生吧?"

　　等到小亮回来,妈妈把小勇家长夸奖他的话告诉了他,他红着脸说:"妈妈每次答应我的要求时,都要在妈妈高兴的前提下。所以我就想,要想能在小勇家高高兴

兴地玩，就必须要让他的妈妈也高兴起来，于是我就帮小勇的妈妈打扫家中的卫生。"

瞧，这位家长并没有刻意地教孩子如何和小朋友的家长相处，可是男孩却在和妈妈的交流中，形成了自己的思维方式，然后巧妙地运用在人际交往中。换句话说，他具备这一能力，是遇事父母能与他协商沟通的功劳。

商量是父母与男孩之间相互了解、相互沟通的手段，可以让双方的意见都能被对方接受。商量，使每个问题都打上了"尊重"的印记。那么，家长应该如何运用商量的方式来促进亲子关系，让孩子更加健康地成长呢？

1. 用商量代替命令

孩子因为玩忘记了时间，很晚了还没有回家，妈妈在家里急得团团转。可是在回家后，妈妈并没有不冷静地骂他："怎么玩到这么晚，以后不许出去了。"而是用十分和善而平静的语气和儿子协商："宝贝，你这么晚回来，全家都在为你担心着急，以后放学了就早点回家好吗？"孩子听完妈妈说的话，红着脸吐了吐舌头说："妈妈，我错了，让你们为我担心了，我以后一定会早点回家的。"

事实上，妈妈只是运用了与以往不同的说话方式来表达自己十分担心孩子的意思，同时也表达了以后要男孩早点回家的意愿。假如妈妈用命令的口吻来和儿子讲话，即便孩子觉得是自己的错，他也不会服气并自觉地改正错误。因此，如果家长希望孩子完成一件事情，不如用商量的口吻来代替命令。

假如你想让自己的孩子做作业，你可以说："是不是到了做作业的时间了？做完了作业还能看一会儿电视呢。"一定不要说："快去做作业！"或者"你怎么还在看电视呢？还不去做作业！"假如你想要孩子做一件事情，例如洗菜，这样说就比较好："儿子，能帮我把这些菜洗一洗吗？"一定不要说："把菜洗干净！"或者"快点把菜洗了！"这对男孩来讲非常重要，这样孩子会觉得自己的感受受到了重视，从而亲近你、信任你，让你可以更好地和孩子沟通。

2. 与你的男孩达成协议

如果你希望孩子改正错误，而强制的方法往往不能达到预想的效果，这个时候，父母可以试着和孩子达成协议，例如用"约法三章"的方式来限制他的不良习惯。值得注意的是，男孩一定要从心里认可这个协议，否则会使得其反，达不到效果。

一天，爸爸带鸿鸿去商店，去之前爸爸已经和他商量好了，只是在商店逛逛，不买任何玩具。可是，鸿鸿在看到了那个最新款的机器人变形玩具后，就想爸爸给他买一个，他说班里有一个小伙伴有一个这样的玩具。

玩具的价格是500元，差不多是他们一家人半个月的生活花销了。可是爸爸没有一下子否定孩子的愿望，而是对孩子说："爸爸也喜欢这个玩具，可是价格你知道是多少吗?"

"多少?"孩子问。"500块钱,相当于咱们家半个月的生活费了,要是现在给你买了这个玩具,那咱们一家人半个月都要饿着肚子了。你仔细想一下,要是早上没有牛奶喝,中午和晚上都没有饭吃了,你觉得可以吗?"爸爸耐心地讲给儿子听。

男孩想了想,仍然对那个玩具有些不舍。爸爸继续引导他:"宝贝,要是你真想要这个昂贵的玩具的话,那你一定要做些事情才行。世界上没有免费的午餐。所以你也要做一件能让爸爸妈妈高兴的事情。比如你改掉了身上的坏习惯,爸爸就会用几个月积攒下的积蓄给你买这个玩具。""可以!"孩子听到爸爸这么说很开心,拉着爸爸的手离开了商店。

这位爸爸十分明智地与孩子达成了协议,在制止儿子见什么要什么的行为的同时,又让他形成了改正缺点的意识。假如孩子真的很想要这个玩具,他就能够为了这个心仪的玩具主动改正自己的缺点。 孩子总会和父母提出很多要求,即便是要求不切合实际,父母也不要一口回绝,因为男孩需要一个过程来接受他不愿接受的事实。 因此,协商是家长与孩子沟通的最好的方式。

3. 以商量的口吻处理亲子冲突

男孩和父母经常会因为意见不合而发生矛盾,这个时候,父母总是想要坚持自己的想法,并且总是以做父母的权威来压制男孩,想让男孩放弃自己的想法。 事实上,父母越是这样，男孩越不愿意听从父母的意见，反而会使孩子产生逆反心理，使亲子关系不断恶化。

发生冲突的时候，每个人都很注重自己的尊严，不希望自己被他人约束，而自尊心和叛逆心理强烈的男孩更是如此。所以，聪明的父母要学会用商量的话语和孩子进行协商，让男孩知道父母重视他的感受，这样，男孩会相对比较顺利地接受父母的意见。

4. 男孩自己的事情父母更要与他商量

随着孩子的成长，男孩会希望自己的意见受到父母的重视。他们往往会希望父母把他们当作独立的个体，让他们可以自己做某些事。因此，父母不能一直像对待孩子一样来对待他们，凡事都替他们处理，帮他们做决定。如果凡事父母都替他们处理，他们可能因此对父母产生反感，进而不愿再与父母进行沟通。因此，聪明的父母如果与男孩有着不同的观点，传达给男孩意见的时候不妨试试用商量的办法，让他三思而后行。

例如，男孩每天应怎样穿着打扮、每天应梳怎样的发型、应该与什么样的人交朋友……父母可以适当地给出一点意见，而并没有必要让他们依照自己的意愿去做。

假如男孩的支配权被家长忽视了，家长只是执意地用家长的特权来约束他们，即使男孩表面上屈服了，他的内心也会逆反。所以，一定要让男孩自己来决定自己应该做的事情，这时父母只需要把自己的经验与意见以协商的方式传达给男孩，让男孩全面地了解问题就行。

拿捏好表达爱的分寸

世上的父母都爱自己的孩子，可是，不要因为溺爱而对孩子造成伤害。溺爱对孩子造成的危害是很严重的。在讨论怎样对孩子才不是溺爱之前，请家长先做个测验，判断自己是否溺爱自己的孩子，溺爱到了什么地步。

题目：根据自己孩子的情况分高中低进行选择。
（注：该问卷针对 6～12 岁孩子的父母）

（1）你的孩子能否独立收拾书包，学习用品准备齐全。

（2）遇到挑战时，尽量自己解决。

（3）见到了想要的玩具，假如家长不同意买是否会接受。

（4）在借别人物品之前，先向物主打声招呼。

（5）对于遭遇到的问题不抱怨，而且下次能做好。

（6）懂得关心别人。

（7）自愿和别人一起分享食品和玩具。

（8）不管干什么事情都很有规律。

（9）当他对一件事情做决断时，明白要做什么，不会无所事事。

（10）做家务的时候非常负责任。

（11）可以清楚地讲出自己的见解。

（12）当他遇到困难时会想办法自己克服，不先让别人帮助。

（13）看到别人会先打招呼。

（14）懂得反省自己。

（15）不随便发脾气，生气时有原因。

（16）对别人的成功不嫉妒，而是欣赏。

（17）感谢父母的辛勤付出。

（18）无论在家在外都表里如一。

（19）合理支配自己的零花钱。

（20）欣赏自己、喜欢自己，非常有自信。

（21）容易让人接近，懂得合作。

（22）主动做家务，不偷懒。

（23）在环境恶劣的条件下，对自己该做的事不敷衍。

（24）能做到不攀比。

评分标准：

偏高得2分，一般得1分，偏低得0分。做完24道题后，得出总分。

测试结果：

37分以上：家长对孩子不是过分溺爱，孩子有良好的独立能力，可以适应复杂的社会。

25～36分：家长对孩子有些溺爱，需要家长帮助完善与人交际的能力。

12~24 分：家长对孩子过分溺爱，有时又会放任自流，可能会影响到他有关能力的发展。

11 分以下：家长对孩子溺爱程度已经超限，对他很多能力的培养有阻碍，不能再这样了。

家长对孩子过分宠爱，是对孩子的伤害。过分娇宠会使孩子缺乏同情心。因为没被父母训斥过，所以他体会不到他人的想法和感受。缺乏自信也是孩子被过分溺爱的表现，父母给他准备好了一切，还有什么需要他做呢？过分地宠爱限制了孩子很多能力的开发，孩子还没有表现的机会，父母早就帮他做好了。

可是，作为家长，要如何向孩子表达对他的爱意呢？哈丽雅特博士是美国宾夕法尼亚大学的博士，他认为，父母要给自己制订个计划，定期检查，内容如下：

(1) 对孩子说"我爱你"。

(2) 用爱抚表达出对孩子的爱。

(3) 了解孩子的安排。

(4) 告诉孩子什么东西对，什么东西错。

(5) 认可孩子的每一个进步。

(6) 问孩子对父母有什么意见。

(7) 细致解答孩子提出的问题。

(8) 让孩子挑战一些困难，让他知道什么是责任。

(9) 让孩子拥有足够的自信。

(10) 不打压孩子的个性。

1. 每天都要与孩子沟通

比如和孩子一起玩游戏，或者对孩子的学习提供帮助，也可以和孩子一起看场电影。

2. 跟孩子交流要耐心平等，让孩子感到自己很重要

每当孩子向家长表达自己的感受时，家长要报以同等的心态。

3. 正确引导孩子表达想法

父母可以对孩子的行为有所限制，但一定要让孩子把想法表达出来。让他懂得表达情绪的正确方法，要解决问题不能用哭闹的方法。

根据以上三个方法去做，父母就能够很好地避免溺爱孩子的行为。

引导男孩"正向心理循环"

男孩的"正向心理循环"是父母在对孩子进行教育时应着重培养的。孩子在今后取得的任何成功，都会与我们当初给孩子灌输的思想分不开，而成功的事实会进一步加强孩子的毅力。

美国有位老师遇到过这样一个问题：有一名在课堂上表现相当优秀的学生，很多成绩都是A，他不但积极参加学校的各项活动，还竞选了很多职位，他以后的目标是在社会上竞选公职，但期末考试时，他的数学成绩只得到了C。他灰心地说："我不是学数学的料。"

老师问他为什么要这样说。

"因为我一直以来数学都学不好，也不喜欢数学。"这个学生说得很诚恳。

"不要遇到困难就对自己下结论，怎么能证明以后学不好呢？"老师对学生的想法进行了心理辅导，"要是你自己轻易放弃了，对自己失去信心，觉得自己没有学数学的天赋，那样你就会不自觉地用行动来证明自己给自己下的结论。这样的话，你的心里就会有一个负面的心理循环，结果就真的无法改变了。"

接受了老师帮助的孩子，经常暗示自己能够学好数学，果真，他的数学成绩渐渐好了起来。

在美国学校的课堂上，教师说得最多的就是"Very good""Good job""Wonderful""Excellent"（都是"好""很好""不错"等夸奖之辞）等。教师常常在多个阶段和细节上提高学生们的自信心。

对孩子来说，最不可取的就是自卑心理。如果一个人有了负面心理，他会找到很多理由来说服自己不如别人，比如说：个子没有别人高、眼睛小、长得黑、太胖、嘴巴大、有口音、父母工作不好、没学历、职务太低、犯过错误等。因为不自信而产生顾虑，进而使自己集中不了精神，这样就会破坏自己的信念，最终不会成功，这就是"失败——自卑——焦虑——精神不集中——失败"循环。这样的结果是自卑的人自己造成的。如果一个人总是陷入自卑，除了自闭以外，很有可能会在必要的人际交往中变得趋炎附势、忍气吞声。

假如一个人小时候就有了负面心理，这对他今后的成长非常不利。没有信心就必定会失败，而失败的概念就在失败中被逐渐强化。这种负面信念形成得越早，造成的危害就越大。

"正向心理循环"与其刚好形成鲜明对比。"正向心理循环"相信成功可以促使人做出成功的事情，而成功的事情能强化人成功的信念。长此发展下去，他今后的事业就会成功。

如果父母发现自己的孩子出现了某种负面心理，要及时帮助孩子树立"正向心理循环"，这样才会让孩子放下自卑，从而树立自信。帮助孩子建立一个正向的"心理循环"，这是作为家长对孩子最大的帮助。

◇ 表扬男孩的窍门 ◇

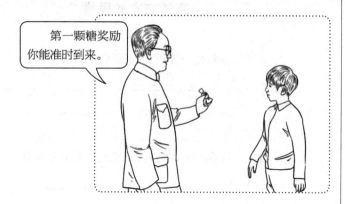

第一颗糖奖励你能准时到来。

我已经了解过了，你之所以那样，是因为那个同学欺负女生，这证明你很有正义感，知道帮助弱小。

这很好，你能自己认识到自己的错误。我的糖都奖给你了，我们也该结束谈话了。

从头至尾，校长没用一句批评的话语，男孩却通过校长表扬的话认识到了自己的错误。在生活中，请使用赏识教育，给予自己的孩子表扬。

谢谢校长对我的教育。

高情商家教思维

1. 表扬男孩有哪些技巧？ 说说你的成功经验。

_____

_____

2. 批评男孩你有哪些技巧？ 说说你的失败体会。

_____

_____

3. 你和孩子之间的沟通有障碍吗？ 你是如何解决的？

_____

_____

_____

4. 你对孩子是否存在溺爱？ 你觉得有哪些方面需要立即改善？

_____

_____

5. 在与孩子的沟通中，怎样达成"正向心理循环"？

_____

_____

_____

第五章

好妈妈必须让孩子养成的好习惯

提高男孩做事的效率

有一位妈妈指出了儿子身上的一些问题：

> 我儿子今年 6 岁了，可他的身上有很多缺点：没有时间意识，做事慢，效率低下，不管做什么都比别人慢。我儿子是不是天生很笨？孩子以后能有作为吗？

孩子做事慢的原因有很多种。例如，孩子没什么时间观念，他不知道完成一件事以后有什么好的结果在等待着自己，也不知道自己做得慢有什么错误。例如吃饭，大人都知道，吃得慢，饭就凉了，还有很多事在吃完饭后要做，可是孩子并不知道这些，也就不知道吃饭慢有什么错误。再比如，大人知道上班、上学不能迟到，孩子却不这么认为，孩子觉得晚去一会儿没什么。他看到的只是眼前发生的事情，这是因为孩子的心理和生理特征决定的。

此外，有的孩子天生是慢性子，也许是由于对做的事没什么兴趣，还可能是因为父母什么事都替孩子做好造成的。要找到孩子做事慢的原因，才能让孩子有时间观念，提高做事的效率。

孩子没有"一寸光阴一寸金"的概念，因此常常会有拖拉、懒惰、懈怠的现象发生。这时父母要多关注孩子、多和他沟通，帮助孩子养成珍惜时间的好习惯，积极应对生活和学习中遇到的挑战。

1. 父母要根据男孩的特点定下详细的安排

例如，孩子要是喜欢看故事书，家长可以找一些名人故事，让孩子自己阅读或者讲给孩子听。家长也可以给孩子讲一些因为不守时而耽误事情的故事。

让孩子通过这些故事知道：要珍惜时间，在合理规划自己时间的同时，也要注意不要浪费其他人的时间。合理安排自己的时间，就可以轻松地应对每一件事情，会因为守时受到他人的敬重。孩子可以从生动的故事中明白道理。

2. 根据男孩的"生物钟"制订计划

人的生活规律都是不同的，家长可以和孩子一起制订作息时间。例如，早上 6 点到 8 点时思维活跃、体力充沛，最适合学习；晚上 6 点到 10 点，记忆力最差，就进行一些有复杂计算的作业。根据孩子的特点制订计划，一旦定下了计划，就要严格去执行，这样孩子才能养成好习惯。

3. 严格遵守制订的计划，定下奖惩制度

制订计划的办法很好，父母和孩子共同制订一个计划，内容可以分为自我训练项目和每日意志力训练表两个部分。

例如，自我训练项目的内容包括孩子每天在多长时间内

完成作业，早上收拾东西要用多长时间；每日意志力训练的内容包括让孩子坚持看书、练毛笔字等等。 父母要对孩子进行监督，假如孩子做得好，就在表上打钩；假如没做好，就要受到惩罚。

　　每周和孩子一起看计划表，找出做得好或者不好的原因，及时对计划表进行调整，激励孩子更好地按计划完成任务。

自我激励，是男孩成长的驱动力

如何才能让孩子自我激励呢？怎样才能让他们知道学习是为了自己而学，而不是为别人呢？

> 6岁的鑫鑫集中精神在玩游戏，好不容易过关了，刚好被妈妈看到，就夸他说："真棒！宝贝你一直都这么棒，你真是个玩游戏的天才！"鑫鑫听到妈妈的夸奖很不高兴，生气地走了。其实，很早就有同学玩这个游戏过关了，鑫鑫却到现在才玩过关，所以他觉得妈妈的夸奖是对他的讽刺，虽然妈妈并没有这个意思。

看到上面的例子，可能有些家长会问，自己一直都在极力地夸奖孩子，鼓励他们，怎么会有这样的结果呢？

从上面的例子中，我们会发现：孩子年幼时，对孩子进行鼓励能给孩子带来荣誉感，随着孩子年龄增长、阅历的增加，他们会慢慢觉得，家长的夸奖只是一种敷衍，实际上却不是这样的。这时，孩子就不清楚自己到底有什么样的实力了。

安德森博士是著名的教育学家，他曾说："对孩子进行鼓励，不是我们到底说了些什么，而是要顾及孩子的心理感受，他听了以后心里会想些什么。"

这样就很容易理解事例中那位妈妈的困惑了。

在生活中，我们之所以要鼓励孩子，不是让孩子觉得别人认为他怎样，重要的是他对自己的认可："我真棒！我能行！"所以，对大一点的孩子我们要注意，让孩子自己肯认可自己，对自己形成激励，这才是最重要的。

在鑫鑫玩游戏的案例中，妈妈如果略带喜悦地说句"通关啦"，那样可能孩子会接受。

怎样才能让孩子认识自己呢？父母应该从以下几个方面入手：

1. 培养孩子的自信，别让孩子只沉浸在别人的认可里

妈妈在乔治很小的时候就培养他的自信心，无论他怎样做，都会奖励他，总说他是世界上最好的孩子。可是乔治长大后，只有妈妈夸奖他，他才会去做事。

一天，乔治自己穿好衣服起床了，来到客厅看了一眼妈妈，显得很骄傲，妈妈在厨房里很忙，对他笑了笑，这一天妈妈发现乔治很不开心。妈妈不知道为什么，睡觉的时候妈妈问他，他才告诉妈妈，竟然是早上妈妈没给他鼓励。

这个也许有些可笑，但在现代社会中是存在的，有的孩子过于关注别人的感受，放弃了自我意识，这对男孩的成长

很不利。 所以，家长要在力所能及的条件下，增强孩子的自信心，让孩子肯定自己，而不是太在意别人对自己的看法。

2. 创造条件，帮助孩子定下目标

一定要让孩子有奋斗的目标，仅凭一句"我一定要成功"是没有任何意义的。 如果孩子在英语的发音上有问题，就应该帮他制定目标——读准每个音标，让孩子自觉地努力读准每一个音标。 让孩子对自己有正确的认识很重要，如果定下的目标不切实际，那样只会浪费时间，对孩子树立自信会产生阻碍作用。 例如，让学习成绩很差的孩子定下满分的目标，很明显，这是个不可能完成的目标，就算再努力也不一定能做到，时间长了，孩子可能会失去信心。 要根据孩子的具体情况来制订目标，不盲目追求，先定下比较容易完成的目标，慢慢增加难度。

3. 加强孩子的自我激励意识

加强孩子的自我激励意识，目的是不要让孩子认为只要得到别人的认可就可以了，同时还要让孩子自己认可、鼓励、肯定自己，这需要家长潜移默化的激励。 鼓励孩子时，可有意识地将主语"我"改成"你"，比如，"宝贝你真棒，我很高兴"可改为"取得这些进步你一定非常努力，难道你不觉得自豪吗"。 时间一长，孩子就能在心里认可自己，还能感受到成功后的喜悦，就会觉得"我还行啊"。

自我反省，让男孩学会总结教训

当孩子犯了错误，要让孩子自己反省。 在这方面，不同家长的教育观念不同。

有位男孩过生日时，得到一份珍贵的礼物，是爸爸的朋友送的一对珍贵的金鱼。看着鱼儿在玻璃缸里自由自在游着，孩子特别高兴。有一天，孩子突然想把鱼捞出来放在地板上。

男孩特别费劲地把金鱼从水里捞出来放在地板上，他觉得鱼在地板上不停摆尾很好玩。可是孩子没想到，金鱼死掉了。爸爸晚上回来后，严厉地训斥孩子，这时妈妈说："不就是鱼死了吗？有什么呀？没事，孩子，过几天妈妈给你多买几条。"

躲在妈妈身后的孩子，冲着爸爸吐了几下舌头，根本就不顾忌爸爸的感受，更没有因为做错事感到内疚。

同样的事情发生在另一个家庭，也是由于男孩调皮，弄死了几条金鱼。

家长知道后，妈妈对他说："孩子，你口渴的时候如果不让你喝水，你有什么感觉呢？"

"我很难受，会非常想喝水。"男孩知道口渴的感觉，便不假思索地说。

"对啊，你渴了会很难受，你把金鱼从水中拿出来，不让他们喝水，他们也会难受啊。再说，鱼是生活在水中的，它更需要水。离开水它们非常难受，会使劲摆动尾巴向你求救。"妈妈接着说，"可是你不明白并把它们渴死了。"

男孩沉默了一会儿，对妈妈说："是我不对，以后再也不会这样了。"

孩子无意中犯错，家长应该让他们懂得内疚和惭愧。要让孩子知道自己错在哪，帮助孩子进行自我反省，让孩子有愧疚感，让他以后不再犯同样的错误。

可是，有些父母会像例子中的前一种家长，没有让孩子意识到自己的错误，这样会对孩子有不利的影响。

以上例子显示，在孩子犯错的时候，一些父母软硬兼施，这样的方法起不到一点教育的作用，另一类父母却一步步引导孩子反省自己的行为，意识到自己的错误，得到的教育效果非常好。

人的内在能力包括自我反省，不断完善自己的能力。对成人来说，拥有自我反省的能力，可以清楚自己的优点与缺点，有计划地对自己的人生进行规划。遭遇挫折的时候，可以很及时地调整好自己，渡过难关，走向成功。孩子在小的时候，自我意识还没有完全形成，这时候，就需要父母引导，培养孩子的自我反省能力。

1. 父母不要直接指责孩子的错误

在孩子犯错误的时候，不能一味地指责孩子，这样孩子会很厌烦，也会产生抵触情绪，自身的智力发展也会受到限制。父母应该采取"冷处理"的方式，从侧面对孩子进行引导，让孩子认识自己的错误。

此时，父母不可以因为对孩子的爱而纵容孩子，就像上面事例中的前一位妈妈，包庇犯了错的孩子。这样孩子不但意识不到错误，责任心也会就此丧失，自我反省的能力也得不到培养，还有可能再次犯下同样的错误。

2. 做错事时，要让男孩感受到负面情感

让孩子知道正直、勇敢、善良等正面的道德情感，能培养孩子好的品德，让孩子懂得羞愧、内疚等负面道德情感，也能让孩子受到教育。内疚、惭愧等负面的道德情感与正面情感相比，能在男孩心中留下更深的印象，让孩子知道反省、自我批评，对好坏、是非、对错作出分析，使错误得到改正。

热爱劳动，让男孩做个勤劳的人

有些孩子非常懒惰，有两个例子：

5 岁多的孩子吃饭时还需要别人喂，即使再饿也不自己拿起筷子吃饭，愁死人了。有时我们甚至怀疑他智商、情商有问题，可幼儿园老师却说孩子在幼儿园里很勤劳。家里家外判若两人。

孩子已经上幼儿园大班了，还要父母给穿衣服，真像个小皇帝，对家长的要求置若罔闻。这长大了能干什么呀？

孩子懒惰的习性是怎样形成的呢？孩子懒惰不是天生的，责任完全在家长。家长认为孩子小，包办了孩子的所有事情，却没有意识到这是导致孩子懒惰的原因。在孩子长大后仍然不会自理和帮忙做家务事的时候，父母就感到惊讶："怎么什么都不会干？"那时候再让孩子改掉懒惰的毛病就很难了，当父母做不动家务时又该怎么办呢？

家长不要包揽孩子所有的事，放手让孩子自己做一些事情，无论他做得好与不好，一定要夸奖孩子。这样能提升他的兴趣，以后他就会主动帮助父母多做家务。这时家长一定要不失时机地对孩子进行表扬，鼓励孩子，让他保持下去。

孩子养成懒惰的习惯不是短时间的事情，那么，想改变一个懒孩子也不是一时之功。不要对孩子粗暴教育，也不要唠叨个没完，这些可能造成孩子逆反心理，最后得不偿失。

和孩子共同做一件事时，要让孩子在劳动中感受到快乐。不要以惩罚为目的让孩子去做一些他感到无聊、烦闷的事情，那样只会使孩子更加厌恶劳动，对劳动产生抵触情绪。

有些孩子在幼儿园里非常勤劳，老师非常喜欢他。可是在家里却什么也不干，什么事情都叫爸爸妈妈帮助。有这种行为的孩子，需要父母与老师多沟通，教育孩子要表里如一，无论在哪里都应该做一个爱劳动的好孩子。

如何把男孩培养得热爱劳动呢？

1. 父母要清楚孩子为什么懒惰

家长应该知道孩子不爱劳动的原因。假如是家长不放手孩子而形成的，家长就应该给他们些自由，一些简单的事情父母要鼓励孩子自己去做，提升孩子独立做事的能力。

2. 淡化劳动概念，将兴趣与劳动意识结合

许多时候，孩子都很愿意帮助家长做家务，只是平时缺乏主动。对于孩子劳动习惯的培养，如果对孩子进行说教，也许产生不了明显的效果。父母可以在孩子做家务时，说一些他感兴趣的话题，这样不但可以和孩子有良好的沟通，还

可以让他爱上劳动。

比如孩子在帮助家长扫地或洗碗时，父母可以和孩子聊聊孩子喜欢做的事，让孩子觉得在做家务时能和父母有所沟通是一件快乐的事，这样不觉得累，也不觉得烦。随着时间的推移，孩子对能帮助家长分担家务也会感到很高兴。

3. 耐心辅导，激励为主，从基本程序入手

有些孩子从小就没有干活的概念，因为一直以来所有的事情都是家人帮着做的。

家长应该改变对孩子的教育方法。全家吃完饭以后，爸爸妈妈和孩子一起收拾，先让孩子把碗筷拿到厨房，放到水池里，再教他用抹布擦干净饭桌，然后教孩子怎样清洗碗筷。也可以让他跟家长一起整理打扫房间。这样肯定会有明显效果的。

为了激发孩子的劳动积极性，无论孩子做得怎样，父母都要适时地夸奖，还可以做一些好吃的奖励孩子的劳动。家长还应和老师及时沟通，让老师支持自己的做法，并在小朋友们面前表扬孩子。

父母要认真对待男孩的懒惰问题，不要认为孩子不会干活是小事，否则等他长大后很难适应社会。父母要积极帮助男孩改掉懒惰的毛病，他们才能够健康地成长。

培养孩子讲卫生的好习惯

讲卫生是生活习惯中很重要的一部分。要从小培养男孩讲卫生的好习惯。

小杰不喜欢打理个人卫生，每次他都因妈妈要给他洗澡的事情又哭又闹。这天，妈妈想到了一个好方法，要小杰和自己一起做洗手的游戏。妈妈告诉小杰要好好抱着小奥特曼，之后妈妈用水给奥特曼洗手，一边洗一边对他说，洗手之后，奥特曼就会变得很干净，不会有生病的危险，就能够去消灭坏人了。小杰对妈妈说的话很是赞同，也任由妈妈给他洗澡。

从此以后，小杰像变了个人一样，天天要求妈妈跟他玩洗手游戏，他每天晚上都催促母亲说："妈妈，我要和奥特曼洗得一样干净，然后去打坏人。"

妈妈通过一个小游戏让不爱洗澡的孩子喜欢上了洗澡，培养了孩子讲卫生的好习惯。

在日常生活中，我们所讲的卫生习惯，通常包含饮食、睡眠、休息、运动等方面。从小培养孩子在这些方面养成良好的习惯，他会受益匪浅。父母要怎样帮助孩子做到这一点呢？

1. 让孩子了解不讲卫生会造成什么样的后果

小时候就要让孩子知道，老师和别的小朋友不喜欢与不爱干净的小朋友在一起玩。而且，若是家里从不收拾，吃完饭也不刷锅，家里到处都是垃圾，会招来蚊虫和苍蝇，大家都不愿意回家了，家里没有地方能住人，也就没有电视看了。

2. 把讲卫生的观念以做游戏的方式传递给孩子

洗澡时，可以把孩子喜欢的漂浮玩具放进澡盆。妈妈也可以给孩子做榜样，每天和孩子一起刷牙，并且在一旁提醒他："我们的牙齿和脸一样也需要每天清洗，这样才会白净！"

3. 告诉孩子怎样做好个人卫生

妈妈要把孩子的洁面用具准备好，放置在他能够拿得到的地方。告诉他，为了避免洗手时被弄湿，袖子要挽起来，并在旁边给孩子示范，洗手的时候要手心手背都洗干净，洗脸的时候不要忘记清洗耳背。

当然，给男孩清洗的时候应避免把水或肥皂弄到他的眼、鼻、口中，防止他对清洁产生心理障碍。

4. 让孩子有公共卫生意识

让孩子有公共卫生意识很重要，更重要的是要培养男孩的公德心。父母可以告诫男孩，我们的生活环境干净了，大家才可以获得健康，这样才能做自己想做的事情。

和孩子外出郊游的时候，把装垃圾的袋子给他，让他扔掉。让他知道这样做一方面是保护环境，一方面是养成爱护公共卫生的好习惯。如此男孩就会懂得，垃圾不能乱扔，他的个人素质在不知不觉中就提高了。

5. 以身作则是最好的教育方法

父母是孩子最好的榜样，即上行下效。父母不以身作则，又怎么可以要求孩子呢？所以，父母应该以身作则，不但要照顾好孩子，而且要培养孩子良好的卫生习惯，比如注意家居整齐清洁、饭前便后洗手等。根据孩子做得好坏采取奖惩措施，随着时间推移，孩子自然就能够建立起良好的习惯。

◇ 培养孩子讲卫生的好习惯 ◇

洗手之后，奥特曼就会变得很干净，不会有生病的危险，就能够去消灭坏人了！

宝宝，洗干净就不会生病！

妈妈，我要洗澡！

妈妈通过一个小游戏让不爱洗澡的孩子喜欢上了洗澡，培养了孩子讲卫生的好习惯。在日常生活中，我们所讲的卫生习惯，通常包含饮食、睡眠、休息、运动等方面。

高情商家教思维

1.你的孩子有拖延症吗？ 你是如何提高他的做事效率的？

_____

_____

2.孩子的目标感如何？ 生活中你是如何增强孩子的自我激励意识的？

_____

_____

3.遇到失败，孩子能不能正确做出总结和自我反省？ 你是如何帮助孩子的？

_____

_____

4.孩子主动做家务吗？ 都有哪些言语和行动上的表现？

_____

_____

5.孩子会洗衣服或者整理自己的房间吗？ 你希望他做些什么？

_____

_____

第六章

培养男孩意志力

勇于向未知的事物挑战

康德说："只有乐观与希望，才能有利于我们生命的滋长，能够鞭策我们的奋斗意志，生出无尽的力量。"

我们的生活不可能总是那么圆满，每个人都注定要跋山涉水，遇见一些从没经历过的考验或挑战。父母要让孩子明白，遇到未知的事物不要畏惧，或畏缩着不敢前进，只要心中有理想、有信念，那么即使有可能失败，也不要停止尝试的勇气。

勇气可以让人在遇到挫折时不害怕、不逃避，要勇于接受所有挑战，只要大胆地去行动、去尝试，总会有一些收获——要么收获成功，要么收获经验。

面对挑战，如果因恐惧失败而不敢前进，或者放弃机会不进行尝试，就没法知道事物的深刻内涵。如果勇敢去做，就算失败，也会获得宝贵的经验。

在美国经济大危机最严重时，有一位年轻的艺术家，全家靠救济金维持生计，急需用钱。此人擅长木炭画，画得虽然好，但社会经济太糟了，在那样的艰苦日子里，怎么会有人愿意买一个无名小卒的画呢？

他可以画他的邻居和朋友，但他们也一样没有钱。唯一可能的市场就是有钱人，那么谁是有钱人呢？他怎样才能获得接近他们的机会呢？

他思考了很久。最终，他到纽约一家报社资料室，从那里借了一份画册，画册中有美国一家银行总裁的肖像，于是他到家就开始照着画起来。

他画完像，然后将画像裱在相框里。画画得很好，对此他很有信心，但他怎样才能让对方看到呢？

他在商界没有朋友，所以通过朋友引见是不可能的。他也知道，如果自己想办法约这位大人物出来，肯定会被拒绝。通过信件要求见他？这种信可能都无法通过这位大人物的秘书那一关。在这种十分困难的情况下，他还是决定不顾一切地试一试，就算是失败也比主动放弃

的好。

他梳洗完毕，穿着自己最好的衣服，来到了总裁的办公室并要求和他见面，但秘书告知他："如果没有预先登记好，见总裁不太可能。"

"真糟糕！"年轻的艺术家抱怨道，同时揭开画的保护纸，"我只是想让他看看这个。"秘书看了一眼画，便接了过去。她思考了一会儿后说道："请先坐，我马上回来。"

一会儿，她回来了，"他说想见你。"

当那个艺术家进去时，总裁正在欣赏他的画。"你画得很好，非常传神，"他说，"这张画你打算换多少钱？"年轻人松了一口气，告诉他需要 25 美元，结果便成交了（那时的 25 美元相当于现在至少 500 美元）。

如果你想让你的男孩成为一个成功的人，就必须帮助他锻炼出坚强的毅力和勇气以及胆略。 一定要向孩子说明，敢冒风险并非不顾危险，敢冒风险的勇气和胆略是建立在对客观现实的科学分析基础之上的。 遵从客观规律，努力就会从风险中获得利益。

鼓励男孩，让他的"野心"逐步实现

纵观古今中外，无数杰出人士都在远大目标的指引下实现了自己的目标，在人类的某个领域散发着自己的光彩，受万众瞩目。就如同参天大树起初也是一棵小树苗，这些伟大的人物在燃起梦想之初，也是那么的平凡。

1. 家长在男孩的梦想之路上要给予适当的鼓励

家长应该让男孩明白，他们的命运要靠自己去掌握。男孩们要选择自己的生活轨道，确定自己人生的理想，也就是要为自己的人生道路"怎么走""朝着什么方向走""最终要实现什么目的"进行设计。

一个人应该在心中树立一个目标，然后着手实现它。他应该把这一目标作为自己思想的中心。这一目标可能是一种精神目标，也可能是一种世俗的追求，这当然取决于个人的本性。但不论哪种目标，都应将自己思想的力量全部致力于为自己设定的目标上面。应把自己的目标当作最重要的任务，把全部精力放在实现目标上，绝不允许思想由于一些短暂的渴望和想象而迷失方向。

为了找到或找回男孩的人生主要目标，可以让男孩问自己几个问题，例如：

我想在我的一生中成就什么事业？

在我的日常生活中哪一类的成功最使我满意？

我最喜欢的工作是什么？

如果把它作为自己毕生的事业，怎样做到既有利于自己，同时也对别人有帮助？

我有哪些特殊的才能和天赋？

我周围有些什么资源可以帮助我达到自己的目标？

除此以外，我还需要什么才能达到自己的目标？

有没有什么职业是我内心觉得有一种声音在支持我去做的，而且它同时也会让我在物质上获得成功？

阻碍我实现自己目标的原因有哪些？

自己仍徘徊不前的原因是什么？ 如果行动，首先要做什么？

上述问题让孩子好好思考，会对他今后的人生有很大益处。

2. 家长要培养男孩务实精神

本杰明·笛斯瑞利曾经担任英国首相，他认为，虽然有行动并不代表就能成功，但是什么都不做就连成功的希望都没有。 所以，若是要孩子取得成绩，就一定要付诸实际行动，踏实地努力。 一个人的态度直接决定他的行为，而行动能带来的是回报和满足感。

将愿望化成动力落实在行动上时，家长应该让孩子学会以下几点：

（1）准备工作要提前，要分析愿望实现的可行性。

（2）制定详细的安排，绘成图表，根据计划做事情。

（3）行动时要有侧重，分清轻重缓急。

（4）明确行动方案，这样才能高效率地完成计划。

拿破仑曾说过这样的一句话："有好的想法是聪明，把想法计划好是更聪明，这两个都做到了就是最聪明。"成功起源于思考，必须要有明确的目标、成功的"野心"，想要到达终点，最重要还是要有计划并采取行动，而且还要有足够的积极性。这些都具备了，才能积少成多，达成愿望。

只要去做，没有不可能

现实和理想分别在河的两岸，中间有河水阻隔着，行动是唯一到达彼岸的桥。只有实践才能拉近自己与梦想的距离。任何一个伟大的梦想都是要付诸实践的。

有这样一句名言："拖延时间就是在浪费生命。"要想事情成功，就要付诸实践。只有立即行动变成了好的习惯，才不会被这个时代的潮流所摒弃；而那些患有拖延症的人们，只会让自己被时代超越，时代会把他们远远地甩在后面。对于希望成功的男孩来讲，任何事情，只要付诸行动，都会有成功的机会。

但现实很残忍，很多男孩都有拖延的恶习。男孩的进取心会因为处事拖拉而丧失，一旦男孩开始出现拖延的症状，就会一而再，再而三地拖拉，并发展成为习惯。并且，拖延有个特点就是积累性，唯一的解决办法就是行动。一旦男孩真的照着自己的想法去做了，他会发现自己正在产生巨大的改变。就像小说家本杰明·狄斯雷利说的那样：行动不一定会成功，但不行动一定不会成功。

家长要让孩子知道：那些成大事的人不会一直拖延时

间，而是毫不迟疑地行动。他们一天接一天地去干，即使失败也从不气馁，他们相信终有一天自己会成功。

卡耐基在自己的书中附了一篇出自哈巴德的短文，短文的内容如下：

　　关于古巴的一切事情，有个人让我终生难忘。爆发美西战争后，美国总统麦金利必须立刻联系古巴起义军首领加西亚。但加西亚身处古巴丛林的山里，没人知道具体位置，所以无法取得联系。

　　"那该如何是好？"总统问到。"有一个自称罗文的人说自己有办法找到加西亚，并且也只有他才能找到。"有人这样回答。

　　他们把一封写给加西亚的信交给罗文。罗文把信放进一个油质袋子里封好，挂在脖子上，划走一艘小船。在四天后的一个晚上，他在古巴上岸，走进了丛林。他从古巴岛的另一边出来是在三个星期后。他徒步走过处在战争的混乱国家，亲手将信交给了加西亚。

这个故事的意义在于，麦金利将信托付给罗文，让他交给加西亚，罗文只是按照托付去做，并没有问一些问题，诸如"在哪儿？""是谁？""如何去？""有什么好处？"什么都没有问，只有坚决行动的意志！

家长要清楚地让孩子知道：一旦有了梦想，就要勇敢地去追求、行动，不要错过人生中的美景。

要给逆境中的男孩鼓励

教育家约翰·贝曼说过："当孩子遭遇挫折的时候，我们要在他们身边帮助他们渡过难关。"男孩在成长过程中，并不是每次遭遇挫折都能靠自己的力量克服。当他们遇到了超出能力范围的难题时，家长应及时地走到他们面前，拉他们一把，帮助他们摆脱困境。

1. 给男孩情感支持

父母的支持与信任，能带给男孩巨大的勇气和力量。父母应该成为男孩有力的支持，让男孩知道，不论发生什么事情，父母与他同在，只要有困难，父母肯定会在第一时间给予他有力的支持和帮助。

地震发生后，父亲赶到了儿子的学校，看到校舍全部倒塌，不禁跪在地上失声痛哭。悲痛欲绝过后，他猛然想起自己经常告诉儿子的一句话："无论发生什么事，我总会在你身边！"于是，他毅然决然地站起身走向废墟。父亲终于在人们的帮助下，救出了自己的儿子，还有其他几个孩子。见到父亲后儿子说的第一句话是："我提醒同学们不要害怕，只要我爸爸活着就肯定会来救我，大家就都能出去了。因为你曾对我说过，无论发生什么事，你都会在我身边！"正因为是父亲的这句话，给了男孩坚持活下去的勇气，最终战胜了恐惧和死亡。

2. 鼓励逆境中的男孩

逆境中，很多男孩都容易产生消极情绪，他们往往会闷闷不乐，没有信心，甚至采取逃避的方式面对逆境，这是做家长最不希望看到的。 这时，家长应该用自己的鼓励，帮助男孩建立信心，帮助男孩摆脱逆境。

巴雷尼的身体因疾病留下了残疾，母亲强忍内心的悲痛，鼓励和帮助他。妈妈拉着巴雷尼的手说："孩子，妈妈相信你有自己的坚持，盼望你能用自己的双腿，在人生的旅途上勇敢地走下去！好巴雷尼，你能答应妈妈吗?"母亲的一字一句，像铁锤一样冲击着巴雷尼的心灵。自那时起，母亲只要一有空，便会陪巴雷尼练习走路、做体操，母子两个常常累得大汗淋漓。体育锻炼弥补了巴雷尼身体残疾带来的不便，在母亲的影响下，巴雷尼终于经受住了命运强加给他的残酷打击。经过刻苦学习，巴雷尼以优异的成绩考进了维也纳大学医学院，大学毕业后，他将全部精力投入到耳科神经学的研究。最后，他终于登上了诺贝尔生理学和医学奖的领奖台。

3. "3C" 原则帮助男孩走出困境

美国的儿童心理学家将一个叫作 "3C" 的方法教给家长

们，来帮助孩子走出困境。这个"3C"是指 Control（调整）、Challenge（挑战）和 Commitment（承诺）。

"调整"指的是调整孩子的心理和情绪，目的在于帮助男孩认识到"困难并不等于绝境"。比如，男孩在数学比赛中失利了，做父母的能够这样"调整"孩子的情绪："我知道这科考得不好你心里不好受，但你的其他课程考得很好呀！"让男孩能对挫折产生一个客观的评价，不会过分放大挫折，从而失去希望。

"挑战"指的是让孩子产生一种心理挑战，让他学会在不顺利的事情中看到快乐的一面。比如，家长可以试着这样安慰伤心的男孩："一次没考好，心里确实难受。但妈妈知道你是一个有进取心的人，无论哪次考试，你都会尽力考得更好，妈妈相信你在下次的数学考试中一定能取得优异的成绩。"创造一个新的希望给男孩，让他保持努力的目标和前进的动力。

"承诺"指的是通过承诺的方式帮助孩子看到生活更为深远的目的和意义。同样是这个事例，家长可以说："你觉得考得不好会让妈妈觉得很失望，事实上，你一直是妈妈的荣耀。无论你考得结果如何，只要你用心去考了，妈妈都会为你感到骄傲。"这就是对男孩的一种支持与信任，从而鼓励男孩振作起来。

实际上，家长帮助孩子克服困难和挫折的关键，就是对孩子的努力行为作出正面的评价，让孩子能够客观评价自己行为和结果之间的关系，然后更好地找到适合自己的目标和前进的动力。

让男孩学会自我暗示和自我激励

一位心理学家曾进行过这样一个有趣的试验：他把一个空香水瓶刷洗干净，随后灌满清水带进教室。心理学家打开香水瓶的盖子对学生说："这是一瓶进口香水，看谁最先辨别出它的味道。"一小会儿，学生争相举手回答，有的说是玫瑰香味，有的说是茉莉香味，有的则坚持说是玉兰香味……因为教师的"暗示"，学生们从一瓶清水里闻到了各种香味。

心理学上，自我暗示是指通过从主观上想象某种不存在的人和事来进行自我刺激，以达到改变行为和主观经验的目的。按照刺激的产生源头，暗示可以分为自我暗示和他人暗示。例如之前提到的"香水事件"，就属于他人暗示，而如果由于自己的某种观念影响、改变了个人的认知、行为和情绪，就属于自我暗示。

积极的自我暗示是自我激励的一种方式，它能对自己的生理和心理活动都产生积极的作用。人需要不断地自我激励才能发挥出自己最大的潜能。心理学研究发现，一个人若没有受到激励，仅仅能施展其自身能力的 20%～30%，一旦被激励，可以发挥到自身能力的 80%～90%，是激励前的

3～4倍。

在1972年墨西哥奥运会马拉松比赛中，一位黑人运动员在左膝盖受伤的情况下，靠着自己坚强的意志力坚持跑完了全程。当他跑到终点时，其他运动员早已回去休息了。对他而言，不管是否跑到终点，都已经得不到名次了，但是他还是靠意志力坚持跑完了全程。当他到达终点时，一位记者采访他"是什么力量支持你坚持跑完全程的？"他说："我只是不断地告诉自己，一定要跑到终点！"

1991年，一个叫作坎贝尔的女子徒步穿越非洲，不但克服了森林和沙漠的困境，还通过了400千米的旷地。当有人问她为什么能完成这常人想都不敢想的壮举时，她说："因为说过'我能'。"当被问到对谁说过这句话时，她回答："对自己说过。"

自我激励往往能产生难以想象的力量，把"不可能"变成"可能"，把"绝境"变成"希望"。德国人力资源开发专家斯普林格在其所著的《激励的神话》一书中述说道："强烈的自我激励是促成成功的先决条件。"父母可以告诉男孩，自己是多么为他们感到自豪，但是，男孩不能总是对父母和老师的赞许心存依赖，更要凭借自己内心的动力前行。所以，父母应该积极鼓励并激励男孩，让男孩学着自我暗示和自我激励，从而激发男孩内心的潜能，促使男孩取得更大的进步。

诺贝尔物理学奖获得者尼尔斯·玻尔的父亲为了使儿子得到激励从而产生强烈的求知欲和良好的行为，常常提供给儿子一些有意思的激励方法。

有一天，小玻尔帮邻居修理好了自行车，父亲特意摆了一桌"庆功宴"表示激励。还有一次，玻尔就水的张力问题与父亲争论，这对作为物理学家的父亲来说，是一件很简单的事。但是，玻尔并不对父亲的讲解感到信服。为了激励孩子开拓创新，父子俩达成了一项共识，即让儿子亲自去父亲的实验室做实验，让实验的结果来说明事实。在这项共识中，父亲要求玻尔亲自动手制作仪器，而玻尔要求父亲亲自担任顾问，指导仪器制作和操作实验。结果，玻尔在实验中成功地证明自己看法的正确性。

父母要了解男孩的每一次成长和进步，并及时、恰当地给予认同和赞许，从而增强男孩的自信心。家长鼓励男孩每天对自己进行暗示，让男孩多告诉自己说"我能行""我可以""我相信"，尽量少说"真糟糕""我不行""可能会出现意外"。教育男孩学会记录自己的成绩，通过事实让男孩看到自己潜在的能力，帮助孩子建立信心，做出正面的行为。

当男孩掌握了自我激励的方法，正面的自我暗示就会变成一种习惯，将注入男孩的血液中，他会成为一个充满希望、充满信心的人，进而变成一个真正的强者。

增强男孩受挫后的恢复能力

对男孩进行挫折教育时，父母需要关注挫折教育中重要的一环，那就是要强化男孩受挫以后的自我恢复能力。父母要帮助孩子学会正确地直面挫折，增强孩子受挫后的恢复能力和自信心。这样孩子在未来的生活中，独立面对挫折时，才能够泰然自若、积极面对。

那么，家长应该如何强化男孩受挫后的自我恢复能力呢？

1. 把你的积极态度传递给男孩

一位父亲在分享自己的经历时说："不论家里出现什么困难，我从来都不会对儿子隐瞒，除了积极地引导他思考如何解决这些难题和困难之外，我还让他真正参与到解决这些难题和困难中来。"

前一段时间，家里的房贷又要交了，但这位父亲和妻子却迟迟没领到工资。父亲将这一情况告知了儿子，儿子也很焦急，不停地帮忙想办法出主意："找爷爷借点，找姥爷借点……"儿子的这些想法都被父亲否决了。

父亲没有向任何人借钱，而是当着儿子的面打电话给单位领导，礼貌地询问工资为何不发，再把自己面临的困境向领导述说清楚。在整个事件中，父亲既没有表现出焦躁，也没有装作可怜，最后，单位领导终于把迟迟不发的工资发了下来。

父亲说："不管遭遇什么样的困境，我都会让儿子在一旁观察我是如何解决的。时间一长，不管儿子经历了怎样的失败、遭遇了什么样的挫折，他都不会面临崩溃。"

对于年龄还小的男孩来说，面对很多事情，也许他们还没有完善的解决难题的能力，但他们经常会借鉴家长应对挫折的经验。这也就意味着，他们时时刻刻都在学习家长对待挫折的态度和应对的方法。所以，家长应该正面地面对挫折，并刻意地让男孩参与到解决问题的过程中来，让男孩观察到自己克服挫折的全过程。除此之外，家长还可以针对具体的挫折情况，适当教授孩子一些对抗挫折的方法。

2. 站在男孩的角度理解男孩

被赞为"全球第一CEO""最受尊敬的CEO""美国当代最成功、最伟大的企业家"的通用电气原CEO——杰克·韦尔奇谈及自己的成功时，总是会说起自己的母亲。他说，因为自己在进入大学前从没真正离过家，甚至都没有参加过一次外宿的野营活动，因此到马萨诸塞大学的头一个礼拜，他过得很不顺利。身边那些优秀的同学使他的内心感到孤独和焦虑，因为他非常想家。

对韦尔奇这些不健康的情绪，母亲并没有进行批评或斥责，而是开了三个小时车到他的学校和他沟通。母亲显示了对韦尔奇的同情和怜悯，并对他进行鼓励。母亲对他说："看看周围的其他孩子，他们从没想过家。你和他们同样优秀，甚至还要出色。"母亲的理解和鼓励，让韦尔奇重新对自己进行调整，不到一星期的时间，他便又和从前一样充满信心了，并在第一个学期取得了不错的成绩。

当男孩面对失败时，家长应该设身处地地站在男孩的角度思考，同情、理解男孩，用孩子的思维接触他们的心灵，了解男孩的需求，积极鼓励男孩。

3. 引导男孩合理释放情绪

发现男孩遇挫后，家长要用适当的方法，帮助男孩发泄出受挫的苦闷心情，避免孩子把苦闷心绪压在心里。

家长也可以用交流或书信方式告诉孩子，可以向亲人、老师、同学或朋友倾诉内心的压抑之情，得到他们的理解和帮助，以舒缓心理压力，也可以向孩子提议以写日记的方式，把心中的不快发泄出来，从而找准思路，控制情绪。

家长还可以引导孩子转移注意力，消除他们的紧张心理。例如，通过出去散步游玩，共同听音乐或者讨论他们喜欢的足球、篮球明星来转移他们的注意力，并且安抚孩子的情绪，这样就可以减缓或消除孩子的挫败感。

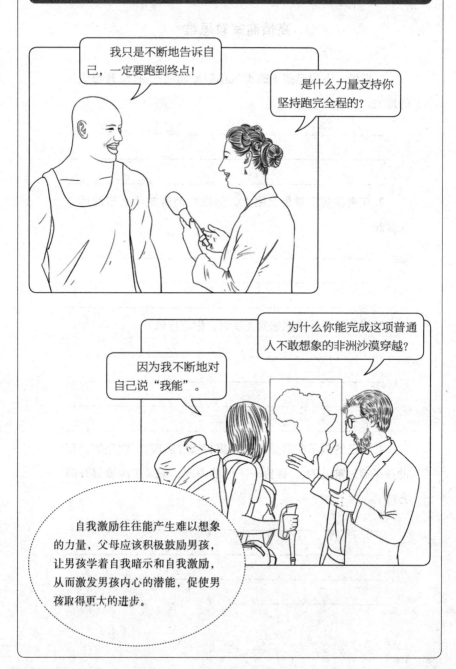

高情商家教思维

1. 评价一下自己孩子的勇气和胆量如何？ 有没有想提升的地方？

_____

_____

2. 在男孩实现梦想之路上，你能为他做些什么帮助他实现梦想？

_____

_____

3. 当孩子身处逆境感到无助时，你怎样做？

_____

_____

4. 自己的孩子在遭受挫折时都有哪些表现？ 你是如何帮助孩子渡过难关的？ 评价一下他的表现，记录下应该提升的方向。

_____

_____

_____

第七章

培养健康男孩

让男孩营养均衡

男孩的身体发育会因为偏食和挑食而受到影响，父母要让男孩了解偏食、挑食的严重性，不要一味地纵容孩子，要让孩子合理膳食，让男孩从小养成良好的饮食习惯。

豆豆今年4岁了，吃饭的时候只吃肉，并且顿顿都要吃肉，蔬菜水果从来不吃。爸爸妈妈总是和豆豆说吃蔬菜的好处，但是豆豆还是不愿意吃，妈妈试过只做蔬菜，可豆豆一口也不肯吃，妈妈只好又去做肉。

一次做家务的时候，妈妈无意间看到儿子在看动画片《大力水手》，于是在吃饭的时候趁机说："大力水手因为吃蔬菜才那么厉害的，你想不想变得和他一样？"豆豆听了妈妈的话说："我要像大力水手一样，以后我也要多吃蔬菜。"

从此以后，豆豆吃的蔬菜越来越多，平衡膳食，身体也比以前更结实了。妈妈用了个小技巧就让孩子爱上了吃蔬菜。

很多原因都会导致男孩偏食：有些家长很喜欢吃一种食物，时间一长，男孩就和大人一样也只喜欢吃一种食物；有些家庭很宠爱孩子，孩子想吃什么就吃什么，不爱吃的就不吃；有些父母想让孩子长得快，强迫孩子吃东西，使得孩子产生了抗拒。

一旦孩子开始偏食、挑食，他的身体健康就会出现问题。长此以往，他的身体不能有充足的营养，便不能健康发育。父母要重视孩子偏食的情况，而且要及时纠正这种情况。

1. 给孩子讲明偏食的弊病，让孩子知道偏食不利于成长

孩子偏食不但会造成营养不良，还会阻碍身体健康。父母应该多和孩子讲讲食物的营养价值。如果体内缺乏一些元素，就会造成营养失衡、抵抗力差，严重的甚至影响孩子的生长发育。

2. 妈妈要多做一些品种的菜肴，做到荤素搭配

荤素搭配有利于身体获取所需的营养素。只有荤素搭

配，才能营养均衡，孩子的身体才能更健康。

3. 不要太宠爱孩子

有些父母会答应孩子任何要求，孩子想吃什么就让孩子吃什么。 这种行为是错误的，会导致孩子养成偏食、挑食的坏习惯。 因此，不能一味宠着孩子，这是家长必须要做到的。

选择健康的生活方式

假如家长希望孩子的身体健康，那么就要给孩子一个健康的生活方式。因为，只有健康的生活方式，才能使身体健康。

"毒药攻邪，五谷为养，五果为助，五畜为益，五菜为充，气味合而服之，以补精益气。"这是《黄帝内经》中的一句话，主要意思就是要膳食平衡，不能挑食。

热量是保证人身体正常运转的条件，人身体中的热量是由碳水化合物提供的，而谷物中含有丰富的碳水化合物。孩子的菜单中谷物是不可缺少的，主食里面的碳水化合物最多。家长会在饭桌上要孩子多吃菜，而对于谷物主食，家长倒是不在意，事实上，谷物对孩子补充碳水化合物是很重要的。说"五果为助""五菜为充"，是因为蔬菜和水果中含有丰富的维生素、充足的矿物质和膳食纤维。

"五畜为益"，我们的身体里也不能缺少鸡鸭鱼肉，因为肉类中蕴藏着丰富的蛋白质和矿物质。虽然肉类有丰富的蛋白质，但是吃太多肉对于孩子来说也不好。这也是古人说"五畜为益"而不是"五畜为养"的原因。孩子吃肉要适当，因为肉中的脂肪对于孩子来说是不易消化的，而且心脑血管方面的疾病也多半是因脂肪摄入过多引起的。

除此之外，保证睡眠也很重要。 人必不可少的休息方式就是睡眠。 消除大脑疲劳最好的办法是睡眠，生长激素大多在人睡觉的时候分泌，充足的睡眠还会使人体的免疫力增加。 正处于生长发育时期的青少年，睡眠的时间最好保证在每天 9 小时左右。

有些孩子晚睡晚起。 家长可以帮助孩子制订一个作息时间表。 要让男孩严格要求自己，按照作息表安排起居，在指定的时间设置一个闹钟，一定要在晚上闹铃响起的时候准时睡觉。 早上闹铃可以调早一些，有一段缓冲的时间，让男孩不至于觉得起床特别痛苦。

家长应该让孩子积极进行体育锻炼。 体育锻炼可以加快孩子的生长，并且使孩子抵御疾病的能力明显增强。

家长要让孩子知道，做课间操和上体育课是在学校中不可逃脱的责任。 家长要在孩子休息的时候多建议孩子去户外活动。

保持健康的生活方式对孩子很重要，但是做起来非常难。 在培养男孩健康生活方式的时候，家长要有足够耐心和细心来帮助孩子，只有孩子适应了这种生活方式，家长的教育才算成功。

离垃圾食品和饮料远点

现在的孩子对于外国的快餐有着浓厚的兴趣。在肯德基、麦当劳里经常可以看到刚放学的学生吃着汉堡，喝着可乐。营养学家们将汉堡和可乐称为"垃圾食品"。

高热量、高脂肪、高蛋白质就是所说的"三高"特点，低矿物质、低维生素和低膳食纤维是所说的"三低"特点。"垃圾食品"具有明显的三高三低特点。

西方国家对于这种食品早就有过研究，认为它对人体有危害，很多相关组织都建议把快餐赶出校园，这种报道也是经常出现的。

另外，孩子还喜欢喝碳酸饮料。碳酸饮料对人体的危害显而易见，有着大量的色素、添加剂、防腐剂等物质，对身体没有任何的益处。

事实上，碳酸饮料并不像人们认为的那样止渴。碳酸饮料中所含有的诸多成分在体内代谢的时候需要大量的水分，而且碳酸饮料中的咖啡因还有利尿作用，所以喝多了碳酸饮料不但不能解渴，还会觉得越喝越渴。

碳酸饮料也是造成龋齿的最重要原因之一。经常喝碳酸饮料的人会出现肥胖、消化不良、骨质疏松等症状。

为了让孩子身体更健康，父母应该让他们远离垃圾食品和碳酸饮料。尤其是碳酸饮料，不但不能止渴，而且还可能导致身体出现"三高"或"三低"的状况，不利于孩子的成长。

到大自然中去呼吸新鲜空气

某个地方的村子被称为长寿村，原因是村子里的人们的寿命都很长。有一次，一位健康专家到这个村子做了深入调查后，得到的结论是这里的自然环境使得人们可以健康长寿。假如孩子的家长能够经常带孩子亲近自然，那孩子肯定能够健康地成长。

1. 让孩子多与大自然接触

最美好的事物莫过于阳光雨露。人体养分和能量可以通过多晒太阳来增加。阳光能给人类的生存提供必备的生态环境，生命所需都由它来调节。比如，人体每天必需 1400 个单位的维生素 D，每天晒 7 分钟的太阳，就可以获得一天所需的维生素 D。人体的骨骼的健壮离不开维生素 D。另外，在适当的环境下，紫外线还是非常好的消毒工具；下雨的时候，空气也会格外好，等等。

在肺结核和不治之症流行的年代，自然疗养法是医生建议患者的辅助疗法：每天都要留出一定时间，置身于自然，在阳光下散步。

与大自然拥抱的时候，人们都会情不自禁地做深呼吸，想把大自然清新的空气吸入自己的肺中，想要呼出胸中压抑已久的污浊。

2. 让孩子掌握正确的呼吸方法

当孩子情绪不好的时候，不要让他封闭在屋子里，家长应该带孩子到户外，做几次深呼吸。

家长可以告诉孩子将双眼闭上，忘掉之前的不快，想象自己置身于花草丛林中，光线透过叶子的缝隙在草地上映出斑驳的影子。深吸一口气，慢慢地呼出来，这样可以使身体内的血液循环加快，肺活量增加。此时，孩子肯定会感到松弛，紧张的情绪也会不复存在。深呼吸可以改善男孩的精神状态，从而提高男孩的学习效率。

现在的孩子就像温室中的花朵，在家长过度呵护和溺爱下成长，在被钢筋水泥包围的城市中，逐渐失去了亲近大自然的机会。因此，家长一定要带孩子多亲近自然。

大力水手因为吃蔬菜才那么厉害的，你想不想变得和他一样？

我要像大力水手一样，以后我也要多吃蔬菜。

我们以后改吃中餐，这样对孩子的身体好！

孩子的身体发育会因为挑食受到影响。要让孩子少吃高热量的油炸食品，合理膳食，从小养成良好的饮食习惯，多做户外活动，这样更有助于健康成长。

妈妈，这里好美呀！

高情商家教思维

1. 你心目中健康的男孩是什么样子的？ 你的孩子需要做哪些改进和提高？

_____

_____

_____

2. 你的孩子营养均衡吗？

_____

_____

_____

3. 孩子的生活方式健康吗？

_____

_____

_____

4. 孩子对快餐食品和饮料有免疫力吗？ 你如何做？

_____

_____

_____

5. 你带孩子参加户外活动吗？ 他的表现如何？

_____

_____

_____

_____

第八章

教男孩管理情绪

让男孩学会接纳自己的情绪

"自我接纳"是指个体对自身以及自身所具有的特征持有认可的态度，既要接受自己的优点也要接受自己的缺点，不因自身优点而骄傲，也不会因缺点而产生不满的心理。 能够高程度地进行自我接纳，幸福指数也会随之提高。 一定要学会接纳自己的情绪，尤其是一些消极的情绪，这个是男孩自我接纳的一项极为重要的内容。

其实情绪没有好坏之分，每种情绪都有存在的价值。更多的时候，负面情绪只是给我们传递一种信号，告诉我们错在什么地方。 当男孩首先接纳了自己的情绪，并且能够和自己的情绪和平相处，适时地感受自己的精神状态，才能成为情绪的主人，也才能够准确地了解情绪的信号。 作为父母应该了解以下几个方面，从而帮助和引导孩子接受自己的情绪。

1. 允许自己有负面的情绪

一定要完全地接纳自己所有的情绪，家长也要允许孩子负面情绪的存在。 当产生消极情绪后，不应该选择逃避或者是压抑自己的情绪，而是应该给予它们足够的空间。 例如，极其愤怒的时候，男孩应该告诫自己："我可以发怒的，愤怒是一种宣泄，给我们一种力量，改变我们不能接受的情况。"这样有利于缓解男孩的心理压力，进而帮助男孩控制自身的情绪。

2.体察情绪背后的真正需求

男孩一定要学会与情绪和平相处，并且要知道如何与它共处。 如果觉得很生气，男孩可以选择静静地坐下来，不要想着逃避情绪，而应去感受这种强烈的情绪背后到底是为什么。 在这个过程中，男孩想到的事情可能会有很多，可以总结出让自己发怒的事情的共同特性，从而找到问题的关键之所在。 发怒的原因可能是因为自己的需求没有得到满足。这样，问题就会变得很容易解决了。

男孩在成长的过程中，难免会有恐惧、脆弱的时候。 但他们的恐惧并不是让他们变得懦弱的原因，相反的，这会让他们从羞愧里面得到解脱，最后成为坚强的人。

3.为自己的情绪负责

为自己的情绪负责，是指男孩一定要会照顾自己的情绪，用清晰的语言来表达自己的情绪，要充分认识自己的情绪，并且要理解自己为什么有这种情绪。 之后再对情绪背后的需求进行认真的体察，将之转化为自己追求的目标。 这个过程也可以称作自我支持过程。 同时，父母也应给予男孩大力支持。

做到这一点并不难。 在生活中，男孩需要不断地联系和体察。 例如，男孩经常会问自己："我到底期待什么？ 我需要什么？"知道自己有什么需求之后，男孩也要问自己："这种期许可以从别人那里获得吗？ 还是要靠自己的力量去达成？"时间长了之后，男孩通过了解自己的情绪，可以更好地了解到自己的需求，进而可以管理自己的情绪，做自己情绪的主人。

体谅男孩的特殊表达方式

男孩由于身体和心理上的一些原因，在表达情感方面，往往与女孩不同。家长要掌握并理解男孩特有的表达方法，同时选择正确时机对他的一些做法进行指导和修正。

1. 关注男孩的沉默

李俊是个阳光、上进的男孩，成绩优秀。选班委的时候，李俊参选了班长，然而最后当选的是另一位同学。当天回家后，李俊一言不发，径直走进了自己的房间。妈妈看到儿子一声不吭，就关心地问他发生了什么事情。

通过谈话，妈妈把事情弄清楚了以后说："民主投票选举班委理所应当，你也不用过于难过了，妈妈相信你的能力。"李俊向妈妈倾诉内心的不平、埋怨，妈妈耐心聆听，不时好言相劝。李俊吐出了憋在心中的话，心情平和了，不再纠结，依旧努力、开心地学习。

把情绪说出来一般不是男孩的强项，如果男孩选择把情绪憋在心中，家长就要多一个心眼，并且要加倍地关心、引导男孩，了解他在想什么，不要让他笼罩在负面情绪下。

可能家长也会注意到，在教育男孩的过程中，有时男孩会选择保持沉默。遇到这种情况，有些家长经常会沉不住气，无视男孩的沉默，还不住地向男孩发脾气。这时家长需要意会男孩的沉默，适当地给予教育，留出足够的时间和空间让男孩自己支配，最忌讳抓住不放。

2. 理解男孩乱发脾气

为了一个关键的篮球赛事，李航非常兴奋，走路时蹦蹦跳跳，他渴望一场激战。然而，他过于激动，在下楼梯的时候，"嗖"地从上面跳下，结果扭伤了脚。李航的心情可想而知，他懊悔极了，狠狠地用拳头砸墙。

放学后，李航没精打采地走进家门，妈妈看到他受伤的脚，马上问："哎哟，打球怎么那么不小心，把脚扭伤了？"李航听到"打球"两个字，大吼一声便冲进了房间。妈妈被吓了一跳，随后听到的还有叹气声。

女孩和男孩不一样，女孩会通过言语如"我不高兴了""我很伤心"等，说出自己的情绪，男孩更乐于用身体来传递自己的情感。 也许很多高兴的事情男孩也会用砸东西来表达，这有部分原因是睾丸素在作祟，都是成长过程中正常的表现，父母应当理解他们。

3.男孩更喜欢用行动来表达心情

男孩一般不喜欢用语言来表达心情，而是通过一些行为来表达自己的心情。 当家长心情不是很好或者生病的时候，女儿可能会一直陪在左右，说一些甜言蜜语，儿子却更喜欢用实际行动来表达关心。 他可能会倒一杯热水，可能会主动整理好玩具，证明他长大了，不用父母担心了。

4.识别男孩的攻击行为

男孩有着很强的攻击性，处理问题时直接动手是他们的首选。 这可能是由于男孩不懂得如何能表达自己所想，所以才会选择这个不用动脑子的解决办法。 这时父母要帮助孩子分析，让孩子好好想想还有哪些更好的解决办法。 家长还需要教给男孩一些基本的道德观，指导孩子一些生活中的习惯和礼节，帮助他们找到解决问题的最好方法。

告诉男孩控制情绪的正确途径

　　情绪的掌控，就是通过更好的方法，来了解自己的情绪、调控好自己的情绪、放松自己的心情。简而言之，就是要掌握最适合自己的情绪表达方式。

　　亚里士多德曾说："不管谁都会生气的，这不是难事。但要掌握正确的时间和地点，通过正确的方法把握分寸，对正确的对象发脾气，那就不是一件容易的事情了。"展露个人情绪要用最合适的方法。家长要向男孩传授控制情绪的方法，帮助男孩表达自己的心情，并且掌控自己的情绪。

1. 心理暗示法

　　这个方法是法国医生提出的。积极的心理暗示可以帮助人们保持好的心情，发掘人所拥有的潜能，并且发挥人们的主观能动性。

　　通过心理学实验可以知道，一个人坐着，嘴里默念"怒发冲冠""暴跳如雷""太气人了"等词语，心率会升高，喘气的频率也会加快，好像是真的生气了。然而，如果默念"喜笑颜开""心花怒放""我太高兴了"，那么开心的体验也会随即而来。 由此可以看出，高兴的体验可以被语言表达唤醒，并且能压制一些负面情绪反应。

家长可以让孩子利用积极的心理暗示，解除部分消极情绪，以此来维持心情平和。 举个例子，想象或用笔在纸上写出如下字样："冷静""在做每一件事情的时候都要留给自己三秒钟考虑""控制愤怒""淡定"等。 事实上，这样的心理暗示对人的情绪有很神奇的积极作用，通过这种方式，过于紧张的情绪可以得到缓解。

2. 自我开导法

当情绪出现问题的时候，可以对自己说"成功失败是很平常的事情""塞翁失马，焉知非福""祸兮福之所倚"，这样可以缓解不愉快、摆脱焦虑，然后总结经验，引以为戒，从而让自己保持平和。

3. 交往调节法

导致消极情绪产生的原因往往是人际关系的不愉快。 如果男孩有这方面的困扰，就需要鼓励男孩积极地面对人际关系问题，只有这样才能适当地排解消极情绪。

4. 适度宣泄

过度克制可能会让自己的情绪更加恶化。 合理地将坏情绪发泄出来，能够让紧绷的神经获得放松。 所以，碰到消极情绪，可以通过打篮球、冲刺跑等较为剧烈的运动发泄自己的情绪，把心中的怒火释放。

但有一点必须清楚，使用这个方法排解男孩消极情绪的时候，必须协助他们提高自制力，而不能随意宣泄不良的情绪。 比如，告诉他们要利用适合的方法，选择好的对象和地点，防止引起不可控的后果。

5. 进行心理咨询

若是以上途径仍无法让男孩走出消极情绪的困扰，这时候家长可以尽早带孩子进行心理咨询。 心理专家会从专业的角度，对男孩的心理情况进行评估，帮助男孩摆脱压抑。

让男孩学会正确地体察情绪

苏成目前在读初二，一天上课的时候，他不小心踢到了前桌女生的椅子，女生扭头看了她一眼，看起来似乎不太高兴，同时还把椅子往前挪了挪。于是他就判断："她是对我有意见，摆出这么差的脸色，不愿意搭理我。"自从那一天起，只要一上课，苏成就会有事没事的看她。

糟糕的是，每次看这位女生时，苏成都感觉她还在生气。这使他感到坐立不安、如芒在背，总感觉是自己惹怒了她。这产生了一种恐惧，使他的注意力无法集中，记忆力持续衰退，背负了极大的压力。时间久了，渐渐转化为心理疾病。

李炜害怕与他人对视，这会让他惊恐万分。追其原因是由于他的近视眼。他配完眼镜一直害怕戴，觉得戴眼镜会被人嘲笑。有一天上课时，李炜看不清老师黑板上写的字，就试着第一次戴上眼镜。

谁晓得这时候老师上课偶然转身瞟过一眼，他仿佛觉察到老师的嘲笑，一种不知何来的害怕从他心底升起，进而对电视和银屏上的人对视也会有恐惧，后来发展到想到会与其他人对视便会产生恐惧。因为这个他很痛苦，一度想自残双眼，也为此想自杀，然而却下不了手。

男孩如果缺乏正确理解别人情绪的能力，很可能会对一些事情产生错误的认识，之后若没有适当地排解，还可能会产生心理障碍。

男孩在人际交往中能否恰当地表达情绪，直接关系到他们人际交往的效率。能够准确把握住别人的情绪，才能够真正地站在别人的角度上看待问题，才可以更好地控制情绪，人际交往才可以深入地发展。

父母需要多和男孩沟通，及时准确地把情绪传达给他们，提高他们的情绪识别能力。家长可以和男孩一起讨论小说或者电影电视的角色，谈谈作品中角色的情绪和情绪产生的缘由，也可以通过周围的人、事、物，帮助孩子更好地体察别人的情绪。

父母还要培养男孩的"同理心"。人的同理心愈强，愈能够理解别人的思想动态，就愈能感受别人的情绪体验。比方说，让他们在游戏、与人交往中正确理解自己情绪的同时，也能够理解别人的情绪，体会别人的情绪，了解自己和他人的真正意图。

◇ 学会接纳自己的情绪 ◇

我可以发怒的，愤怒是一种宣泄！

我为什么会发怒？难道就因为输了场比赛吗？

我发泄完就没事了，我要对自己的脾气负责，下次再赢得比赛！

情绪没有好坏之分，每种情绪都有存在的价值。男孩只有接纳了自己的情绪，并且能够和自己的情绪和平相处，适时地感受自己的精神状态，才能成为情绪的主人。

高情商家教思维

1.孩子的负面情绪都有哪些具体表现？ 当孩子情绪波动较大时孩子能够接受自己吗？

_____

_____

_____

2.你家男孩都有哪些特殊的情绪表达方式？

_____

_____

3.当孩子情绪比较大时，他有宣泄的途径吗？ 一般表现都是什么样子？

_____

_____

_____

4.你在帮助孩子管理情绪方面都做了哪些工作？ 都有哪些心得体会？

_____

_____

_____

第九章

让男孩快乐与人交往

让男孩有绅士的风度

绅士风度、淑女风姿形容人们的衣装打扮和言行举止，代表着人际交往过程中的礼仪。

得体的礼仪是对他人的尊重，也是社交时应具备的素质。一定要从小培养孩子的礼仪，让孩子带着礼仪走向社会，这定会让他们受益终身。

所以男孩在日常生活中，要注意培养男孩的绅士风度。

1. 在平时的生活中，父母要注意必要的礼节

孩子有不懂礼貌的表现，可能并不是心中对别人不尊重，而是他们不知道该如何表现尊重，怎样才是尊重。例如，去别人家做客的话，很多男孩都像是在自己的家中一样，非常随便。注意不要穿着拖鞋，衣着要整齐，不要敞胸露怀等。孩子的一举一动都有要遵守的礼仪，父母要及时地矫正孩子的不良习惯，告诉他们要站有站相，坐有坐相。

在我国古代的礼仪规范中，有很多需要我们注意的：例如"站如松、坐如钟"；和别人说话的时候千万不要斜视，要细声细语不能言语粗鲁。如果家长不告诉孩子这些的话，孩

子永远都不会懂。

2.父母要在平时的生活中给男孩树立榜样

我们可以想象，假使自己的父母在平时便不会轻声细语地说话，那么男孩说话会轻声细语吗？ 俗话说得好："有其父，必有其子。"父母的言传身教对男孩有着很大的影响。

例如问路这件事情，如果家长是这样说的："嘿！ 老家伙！ 你知道五棵松地铁站怎么走吗？"那么孩子问路的时候也会这么说。 优雅气质，翩翩风度，不是一时间就能了解并且学会的，需要在长期的耳濡目染中培养的。

礼仪和风度是孩子的外在表现，更多的是需要内在的支持，这必须要靠长期的积累。 所以，家长一定要言传身教，一步一步走下去，才能把男孩养育得最棒。

鼓励男孩大胆地与别人交往

　　钰钰平时就不喜欢和周围的邻居家的朋友来往，在学校里又不喜欢和别人交流，也不参加集体活动，和朋友之间的关系也越来越差。他感觉自己是一个没有倾诉对象的人，他几乎没有信任的朋友，也很少有朋友信任他。这让他情绪波动很大，不喜欢和别人说话，学习成绩也很一般。

　　钰钰的问题普遍反映了男孩在交往方面存在的缺陷。

　　一般3～4岁的孩子都会害怕社交场所，他们并不了解别人，而且又不能完全听懂成人要表达的意思，总是不知道如何是好。假如父母如果让孩子跟别人打招呼的话，孩子会浑身不自在、不知所措。孩子不敢向陌生人打招呼是因为害羞，这也是由于孩子和成人的兴趣爱好有所不同造成的，并不是孩子不讲礼貌。

　　美国曾经有个学院针对6～9岁的小孩子做了一个调查，

发现其中不会处理人际关系的孩子有 70% 都不喜欢学习。 很多的家长和老师也发现：孩子的交际能力对于他们之后的人生发展有着极其重要的作用。

想要提高小孩子的交际能力，并没有那么简单，下面是一些建议。

1.父母一定要学会体会孩子的感受

试想这样一个画面：一个长辈和男孩打招呼，但是男孩却面无表情，看起来十分冰冷。这样的场景往往让孩子的父母心中不安，这个时候，父母千万不要批评男孩，一定要考虑到孩子自己的心理感受。将不安放在心里，千万不要外露自己不满的情绪，也不要去强迫孩子。当孩子不愿意和别人交往的时候，家长首先要学会接纳这一点，然后采取具体的方法，帮助他们来应对。千万不要以这种方式对孩子说："不可对长辈没礼貌。"这样会给孩子带来很大的压力。

另外，遇到了这样的情况，父母应该给孩子一条正确的道路。 例如，邻居问："孩子，你们今天去哪里了？"假使孩子并没有什么言语，父母可以跟孩子对话："我们刚才去看电影了对吧？"男孩便会回答说："是的！"这样一来，也间接回答了邻居的提问。 孩子是需要帮助和指导的，重要的是要让孩子自己开口。

2. 与孩子一起扮演游戏中的角色

有的男孩在家里性格比较开朗，这可能是受到家庭影响的缘故，孩子在家庭里面会充满自信。可是男孩在同别人交往的过程中，家长也要留意并且培养孩子的性格。可以通过角色扮演类的游戏培养男孩的人际交往能力，比如：让大人来坐车，让孩子模仿售票员，在家里面扮演乘坐公交车。假如他犹豫不决的话，可以玩一些角色相互调换的游戏。平时一定要多多鼓励孩子，多与孩子交流："你在哇哇叫什么呢？""我们去你外婆家里，你喜欢什么颜色的衣服？灰的还是红的？"

3. 让男孩有学习社交的机会

比如带着孩子去公园碰到了自己的同事便要打招呼，去

商店也会和售货员有所交流，在家里接待客人要让孩子向客人打招呼，这些都是让孩子学习如何与他人交往的场景。 不仅要给孩子树立一个很好的榜样，也要教导他们如何正确地去交流。 这种交往能力不是与生俱来的，是要靠孩子与家长共同努力获得的。

男孩要学会成功"推销"自己

"邹阿姨，您一定要收好，这是我的名片！"一个5岁的孩子把自己的精心设计的名片交到记者手中。这个孩子名叫舟舟，还是幼儿园的小朋友。

记者注意到这张名片和大人的名片不太一样，名片大小和普通的名片差不多，整张卡片以青春的黄色为底色，左边是孩子的半身照片，笑容灿烂。右边是用稚嫩的字写的名字，后面还加了自己的昵称。名字下面的三行小字是他所在的幼儿园名称、地址，以及家庭电话。舟舟和记者说自己的书法水平有了很大的进步，过段时

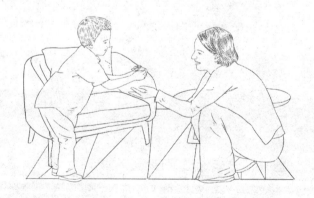

间，他还想在名片上写上"小书法家"的头衔。

"其实不光是我，别的小朋友也有名片。"舟舟说，"和我在一起的孩子的名片都很好看，有照片、有名字，还包括自己的网页和职务。"

5 岁的孩子便开始制作自己的名片，并将自己的名片递交给人，这很让人们吃惊。先不谈这个做法是否妥当，单说家长鼓励并支持孩子迈出交往的第一步，就很值得肯定。一定要让孩子具备"推销"自己的意识，这是男孩迈向成功的第一步。

1. 家长要多与男孩沟通

父母一定要与孩子沟通，并要支持孩子的想法和观点，不断提高男孩的表达能力。与此同时，家长也一定要注意沟通时的态度和方式，要注重与孩子之间的眼神交流，因为孩子总会自然地把父母的交流方法带到生活中。一般来讲，在民主家庭成长的孩子，有着温和宽厚的心态，易受其他孩子的喜爱；在有着暴力倾向的家庭里长大的孩子，往往表现得戒备心过强，不易融入集体。

2. 帮助孩子树立自信

推销自己需要很大的勇气，这就需要孩子有足够的自信心。家长一定要多赞美自己的孩子，让孩子看到自己的优点，从而树立自信。

有一位专家曾经说过："共同爱好是建立友谊的基础。假使你认识的人并不多，你可以让他们和你一起锻炼，获得更多的好人缘。"父母一定要尊重孩子的爱好，并帮助孩子通过自己的爱好拓宽交际之路。

3. 让男孩学会微笑

卡耐基曾经说过："行为一定会胜于言论，微笑有着很多的含义，其中也包含着'我希望与你做好朋友'。"微笑是孩子"推销"自己的良好办法。喜欢微笑的孩子的内心是开朗的、阳光的，事实证明，无论是大人还是孩子，谁也不能让自己不去喜欢一个充满笑容的孩子。

引导不同个性的男孩交朋友

男孩在成长的过程中会有自己的选择和朋友圈子，但并不是所有的孩子都能这么顺利地建立自己的朋友圈。很多男孩在交往上会有所顾忌，他们需要家长对其进行正确引导，才能收获更多的友谊。

每个男孩的个性是不同的，那么父母要特别关注、区别对待。

（1）害羞的男孩。有些孩子十分希望能有一同玩耍的朋友，但是由于不爱与人交往而不敢说话，总是希望别人能先和自己谈话。特别是在新的环境，年龄小的孩子会缠在家长的身边，一脸胆怯，而稍微大一点的孩子，也经常躲在别人的身后，表现出一脸茫然。

这些孩子往往需要锻炼的机会。父母要和自己的孩子做好沟通，提高这些孩子的表达能力。一定要多带着孩子走进人群，为孩子创造更多的机会，让孩子有所作为、有所骄傲，这样，男孩更容易交流成功。当孩子有了愉快的体验之后，便会更加大胆地在众人面前表现自己。

（2）太过依赖朋友的男孩。有的男孩一旦找到了真心的朋友，便会把自己的注意力和想法都放在这个孩子的身上，朋友会给他带来极大的满足感；假如朋友之间发生不好的事情，他便会产生极大的挫败感。

父母一定要为这样的孩子创造条件，让孩子可以有更大的交际圈。让孩子多参加一些社交活动，在这个过程中，家长一定要有意识地引导孩子去交往，要赞赏孩子的做法，以扩大孩子的交往圈。时间一长，孩子便不会将目光一直停留在一种类别的朋友上面了。

（3）不受欢迎的"破坏狂"。孩子由于年龄小，不知道人情世故，通常会做出一些搞怪的行为，给人淘气的印象，有时候便会惹得其他小朋友不喜欢。这种捣乱的孩子，也经常和父母发生一些不必要的争执。

对于这样的男孩，家长需要和孩子一起制定家里的规定，如果孩子不遵守这些规定的话，便要给他一些惩罚。家长不要总是顺着孩子的想法，让孩子养成娇生惯养的习惯。对待这样的孩子，可以让他去带领别的孩子一起玩，并且告诉他一定要以身作则，以此来约束他的行为。当孩子取得进步的时候，家长也要采取一定的奖励措施，让孩子知道遵守规定的好处。

（4）侵略性太强的男孩。有的男孩总是喜欢以自我为中心。这样的男孩并不是不顾及他人，他们只是一心想要得到自己想要的，并想对自己的朋友说："我知道自己做事的方式不对，如果你能和我在一起的话我会很开心，否则，请你离开。"但是，他们不能正确表达自己的观点，因此经常和其他小朋友产生冲突。

这样的男孩明白自己真正想要的是什么，有着超强的目的性和冲劲。 家长要在肯定孩子的同时，要教会孩子恰当地表达自己的情绪。

（5）总要当头儿的"小司令"。 有一些男孩具有极强的领导能力，总是喜欢做自己喜欢的事情，而且喜欢独断专行，还喜欢训斥同伴。 他们不能与人友善相处，而且比较容易受伤，还不容易被管制。

父母一定要注意培养孩子体谅他人的同理心，让他们慢慢理解合作的含义。 家长可以为孩子制定一些需要遵守的规则，也可以让他和大孩子相处一下，体验一下被别人指使的滋味，从而使他懂得体谅别人。

（6）一味谦让的男孩。 有的男孩总是对自己的朋友表现得很宽容，哪怕是朋友间的冲突，也总是一味地求和。 他们总是把人性想得很善良，进而还会受到同伴的欺负。

面对这样的男孩，家长需要传递一个正确的观念，就是有时候面对一些事情，需要坚持自己的原则，而不是一味地迁就、忍让。

不要忽视朋友的影响力

男孩交友的问题值得每一个家长注意。实际上，交友在孩子成长的时候便开始了，朋友对于孩子的影响力可能远远大于父母。但是作为家长，没有权利去干涉孩子的朋友圈，能做的只有时刻提醒孩子一定要结交好的朋友，远离那些不好的朋友。

阿远的家长平时很少有时间管孩子。阿远一开始是一个很听话很乖巧的孩子。但初中之后，班中的男生总是欺负他，这时候，社会上有人帮助他教训了那帮孩子，于是学校中每个人都很害怕他。他很感激那些人，并加入了他们。仅仅两年时间，阿远便像变了个人似的。他习惯了饭来张口、衣来伸手。一次，他还威胁父母拿出20万来，否则便断绝关系。爸妈悲痛欲绝，后悔当初对阿远疏于管教，更后悔没有对他的交友方面进行干涉。

男孩在成长的过程中，会碰到形形色色的人，有些会成为他一辈子的朋友，但也少不了是因为利益关系而成为朋友的人。 男孩拥有很强的可塑性，在某种程度上讲，朋友可以改变他一生的命运。

对于孩子交友的问题，我们需要向犹太父母请教。 犹太人的家长很注重自己孩子的朋友圈，他们有俗语说："和狗在一起，身上会沾染上跳蚤。" "与污秽者常在一起，自身会变得污秽；和干净的人在一起，自己也会被同化和感染。"他们会将朋友分类：一类是如同食粮一样不可或缺的朋友；另一种是恰似蔬菜瓜果的朋友，只能用来陪衬；还有这样的一类人，虽然平时的时候是好朋友，一旦有了事情便会销声匿迹。

一个男孩选择了怎样的朋友，就相当于选择了什么样的前程。 选择一个温文尔雅并且有责任心的人当朋友，还是选择一个心术不正的人当朋友，会导致两种不一样的结局。 面对孩子的交往问题，父母不用一直严加管教，但是要懂得用自己的交友方法来感化孩子。

不阻止男孩与异性交往

进入青春期的男孩，性意识开始觉醒，在心理上明显意识到男女界限，认识男女间的交往和同性之间的交往，不管是在交往方式上，还是交往的内容方面，都会不同。 因此，难免会生出朦胧的好奇心，希望去了解异性，情不自禁地会对异性表示好感。

这个时候男孩总是在异性面前表现得十分热情，用各种各样的方式表现自己。 面对男孩成长的变化，很多家长不能很好地应付，生怕自己的孩子为了博得异性好感耽误学习。其实这种担心是多余的，研究表明，男孩的变化属于青春期正常的生理反应。 到了一定的年龄，男孩便渴望接触异性，这是人类的生理需求，是再正常不过的事情。

与之相反，心理学家还认为与异性交往会对男孩的成长产生好的影响：

（1）个性互补。 单调的同性交往，远远比不上异性交往带给我们的收获。

心理学研究显示，人们交往的范围越广，便会和周围的人联系得越紧密，他的社交圈子也会更加广阔，也会有相对丰富的精神世界，个性发展得也就越到位。虽然同性间也存在差异，但是如果只是同性交往，社交圈子就会受到局限，因为异性之间存在着更多不同的地方。

（2）心理互励。心理学研究告诉我们，大多数人特别是处于青春期的孩子，会产生异性效应，主要表现为：如果活动中有异性参与，他们的表现会更加积极。原因是当有异性参加活动的时候，彼此之间都会产生满足感，从而获得不同程度的愉悦感，最终使人们迸发出平常不易显现的积极性。

（3）情感互慰。人与人之间存在着多种多样的感情，除了爱情之外，还会有亲情、友谊等。男女之间也可以有纯洁的友谊，它会为我们带来心灵上的享受。在异性效应下，我们的这种情感会变得更为真切，情感能得到更好的寄托。

（4）智力互偿。事实告诉我们，虽然我们的智力高低和性别关系不大，但是两性在智力方面是有区别的。以思维能力为例，男孩拥有的是离奇、抽象的思维能力，喜欢抽象概括的范围；女孩更精通于感性的事物，喜欢处理将实际应用和形象思维作为基础的事情。两性的交往可以让我们智力和思维方式上取长补短。

由此可以看出，男孩和女孩做朋友会获得很多好处，家长不要强行阻止。对于内向的男生，父母更应该鼓励其与异性交往。

但是青春期并不是每个人都能完美的度过。男孩的价值观和人生观在这个时期还不成熟，身心发育得还不够完善，情感控制能力也还不够自如，因此有可能吃到冲动的苦果。

家长要让孩子明白的是，和异性交往的过程中，最为重要的便是相互理解和包容。男孩女孩在性格、气质、形象、思维上面都有很大的不同，唯有尊重彼此，才能拥有健康的异性友谊。与此同时，不管男女，在交往的过程中都不能太过随意。纯粹的异性友谊是可以大大方方地相互接触的。但是毕竟存在性别差异，因此一举一动不要过于随意，否则不利于友谊的发展与维持。

孩子的交际能力对于他们之后的人生发展有着极其重要的作用，想要提高小孩子的交际能力，需要家长不停地示范和教育。

高情商家教思维

1. 中肯地评价一下孩子的交往礼仪如何。

_____

_____

_____

2. 孩子的交往意愿如何？ 你鼓励孩子带朋友来家里做客吗？

_____

_____

_____

3. 孩子在交往中都有哪些障碍？

_____

_____

_____

4. 你对孩子交往的朋友评价如何？ 你愿意把自己的看法和孩子沟通吗？

_____

_____

_____

5. 你是如何看待孩子与女同学来往的?

_____

_____

_____

第十章

让男孩爱上学习

帮助"好动"的男孩集中精力

　　一天，青年十分苦恼地对昆虫学家法布尔说："我在自己爱好的事情上投入了所有的时间和精力，结果总是差强人意。"法布尔赞许地说："看来你的志向都在科学上。"青年回答："对啊！我喜欢科学，但是同时我也爱文学，对音乐和美术我也非常感兴趣。我把我所有的时间全都用到这些兴趣上了。"

　　法布尔给了青年一块放大镜说："把你的精力集中到一个焦点上试试看，和这块凸透镜一样！"做过凸透镜聚焦实验的人都知道，再强烈的阳光也不足以使火柴自燃，而用凸透镜使阳光聚集于一点，就算在冬天，火柴和纸张也可以被燃烧。随着现代科学的发展，人们又进一步把看似柔和似水的光汇集一束，制成了无坚不摧的激光武器。光的作用和力量在这一散一聚中发生了翻天覆地的变化！

虽然一个人的精力和时间是有限的，可是没有目标，到处乱窜，便会觉得时间不够用。　如果想取得突破性的成就，就要像学习打靶一样，找到目标，把精力聚到一点上。

学习更是如此。 特别是男孩，一般都坐不住，在学习的过程中总是没有办法专心致志。 譬如，很多男孩喜欢边看电视边写作业，边玩边看书。 对不能集中注意力的孩子来说，静下心来学习本身就是一件很困难的事情，还怎么可能取得好成绩呢？ 因此，父母要督促孩子专心致志地去学习。

学习生涯其实和人生是一样的，没有完全的一帆风顺，总会遇到困难和挫折。 在学习中，当我们遇到困难的事情时，一定要相信只要有足够的耐心和充沛的精力，任何问题都能解决。 尤其是在考场上，在遇到难题的时候要更加耐心，才能取得高分。 阿基米德的故事也告诉我们，只有专注才能将难题攻克。

　　有一次，叙拉古的希罗王为了准备一次盛典，请工匠打造一个纯金的王冠。大臣们和希罗王都感觉打好的王冠的成色有点不对劲，可是又拿不出什么有力的证据来证明王冠掺了假，因为重量在前后没有区别。

　　为了弄清楚这个王冠是否掺了假，希罗王听从了一位大臣的建议，派人请来阿基米德。阿基米德接到这个棘手的问题后，一时也没了主意。他要求国王给他7天的时间弄清楚这个问题。

　　阿基米德辞别国王，到家之后，他关上房门，不接待客人。他努力地思考，整整5天都没有头绪。第6天的时候，他的妻子就建议他出去走走。他想先去澡堂洗个澡，这几天实在是太紧张了，他想缓和一下紧张的情绪。

浴池里装满了水。阿基米德进入浴池后，突然发现水在他进入浴池的时候溢了出来。

这时，他的脑海中灵光一闪，解开王冠之谜的方法终于找到了。他激动得连衣服都忘了穿就往家跑去，边跑边喊："找到了，找到了!"街上的人都以惊讶的眼光看着他，他却全然不顾。

到家后，他以清晰的思路想出了检验方法，并实验无误后来面见国王。阿基米德让侍从端来一个小盆，装满水，再拿来一块和王冠相同重量的金子和一个大空盆。

他在装满水的盆中放入金子，水溢到了大空盆中，他用量杯把水装起来。又用相同的方法把王冠放入水中，按照之前的方法又操作了一遍。最后他比较两个量杯中的水，最后发现浸泡王冠溢出来的水要比浸泡纯金块溢出来的水多一些。如此，阿基米德认为王冠不是纯金制造的。

国王观看了实验的全过程，听过分析之后，让人找

来了工匠。工匠在科学事实面前，把他掺假的勾当说了出来。

事实上，阿基米德能成功地找到这种方法，不仅是因为他的聪明才智，还因为他有足够的耐心去钻研难题。父母在教育男孩的时候也要引导孩子有足够的耐心去学习。在平时的学习和考试中如果遇到了难题，不要因为遇到难题而烦心，而要耐心专注地思考，这样所有的问题都会变得容易解决。

培养男孩养成耐心专注解决困难的习惯是非常必要的，只有这样才能有助于学习成绩的提高。可是这样的习惯要怎样养成呢？

1. 告诉孩子要镇定

在学习中，当男孩遇到难题突然想不起来解题方法时，告诉他们要镇定。只有让自己安静下来，他们瞬间空白的记忆才会慢慢恢复，才有可能找到问题的解决方法。

2. 不要让孩子丧失信心

孩子在学习中遇见的难题其实大都是那些综合性比较强的题，只要耐心一些不难发现，这些题目也都是由基本的知识点组成，再难也不会超出大纲的基本要求，这个时候只要耐心专注地思考，就会想出解决问题的办法。

用思维导图学习更轻松

思维导图的发明者是英国学者东尼·博赞。思维导图还有一个名字叫心智图，就是把我们大脑中的想法用彩色的笔画在纸上的方法。它是结合传统的语言智能、数字智能和创造智能，有效表达发散性思维的图形思维工具。

思维导图对学习来说有着重要的作用，它的核心思想就是很好地把形象思维与抽象思维结合起来，让人的左右脑能够同时运作，将思维痕迹在纸上用图画和线条形成发散性的结构，极大地提高人的智力技能。

思维导图用起来非常简单。有效地将信息放入大脑或者取出大脑就是思维导图的作用。

思维导图能够让人按照大脑本身的规律进行工作，启发放弃传统的线性思维模式，改用发散性的联想思维方法思考问题；思维导图能为决策提供帮助，帮助组织思想的同时帮助整合别人的观点，使思想更具创造性，更有助于改善记忆力和想象力等；左脑和右脑的开发可以通过思维导图来完成，思维导图帮助我们激发出巨大的大脑潜能。

很多男孩都认为思考是一件很无聊、让人畏惧的事情，但是他们的这种认识可以被思维导图改变，头脑也会因此活跃起来。思维导图是有效理清思路的创造性工具。

为了让男孩神奇的大脑飞速转动起来，保障他们每天能够积极地思考，提高思考能力，家长在引导孩子运用思维导图的时候可以注意以下几个方面。

1.排除多余的干扰

当孩子针对要解决的问题进行思考的时候，一定要避免其他次要因素的干扰，因为孩子们的大脑里每天都有数千个一闪而过的想法，多数会对正确的想法起到干扰作用，使他们很难清醒地专注于想要思考的问题。

如果采用思维导图的形式思考，可以一边罗列关键词，一边比较和筛选，这样多余的干扰就可以被排除，思维也会更集中。

2.紧紧围绕主题

一般的男孩一次只能思考一个主题，此时，他们必须强迫大脑集中注意力。可能这种强迫在起作用前需要时间，这就需要父母为孩子提供耐心的帮助，引导孩子确定主题，启发、提示与主题相关的关键词。

这个思考的主题可以作为思维导图的原点放在导图的中心位置。

3.关心一下自己的感受

如果孩子思考很久，发现还是非常困难，这时父母可以引导他们试着关注自己的内心感受，在思维导图上写下这些感受，并问自己为什么会有这样的感受，说不定能够瞬间打开思路。

4. 养成随时思考的习惯

当思考成了一种习惯以后，将对孩子有很大的帮助。 让大脑一直转动，会很容易进入思考过程，并能获得有效解决问题的方法。 利用思维导图无限发散的特征，让思路更清晰，就算是没有头绪的乱想，也会为所关注的问题找到正确的答案。

上述的几种做法都可以帮助男孩锻炼思考能力。 在思考的时候借助思维导图，会让他们拥有更多新奇的想法，从而富有创造力。

思维导图是全新的学习思维方式，它能有效地帮助男孩在学习过程中解决遇到的问题，例如，在如下方面就会有所帮助：

（1）有更多的奇思妙想；

（2）梳理思路并使其清晰；

（3）拥有优异的成绩；

（4）强大的记忆力；

（5）高效率的学习方式；

（6）使学习变得轻松；

（7）全面看待事物；

（8）制订合理适度的计划；

（9）拥有更好的创造力；

（10）压缩时间；

（11）遇到问题懂得解决；

（12）不再分散注意力。

绘制思维导图并不难，绘制时，父母应告诉孩子使用下面这些绘图工具：

（1）白纸一张；

（2）数支铅笔和彩色水笔。

以上这些是最基本的工具，在绘制过程中，他们可以用更适合自己的绘图工具，例如整套的软铅笔、五颜六色的水彩笔等。

东尼·博赞提出了需要男孩知道的七个绘制思维导图的步骤。操作如下：

（1）从白纸的中心开始，四周留出充足的空白。从中心一点点向外画，可以使思维从四面八方自由发散，更自由地表达自己的真实想法。

（2）在这张纸的中心画一幅图来表达你的主要思想，图表也可以。图像不但能带来更丰富更活跃的思维创意，而且能强化记忆。

（3）尽量多地使用颜色，让大脑处于兴奋的状态，以便于更好地记忆。色彩能让思维导图增加跳跃感和生命力，让男孩拥有强大的创造性思维。另外，绘制五颜六色的图案本身也是一件有趣的事！

（4）把中心图像和主要分支连接起来，再将二级分支连在主要分支之后，二级分支后再接二级分支，以此类推。

人的大脑是通过联想来搭建思维的。如果将分支都相互连接，会让你更加容易理解和记忆。

把重要的分支连接起来，搭建思维结构。要知道，这种思维结构与大树有异曲同工之处。树枝从主干抽出，向各个方向蔓延。假如主要分支和更小的分支产生裂痕，那它很容易产生问题。

（5）使思维导图的分支自由卷曲，不要将它绘成一条笔直的线。曲线总是美的，大脑更喜爱优美的曲线。美丽的分支和曲线，好比大树的枝蔓一样吸引人。

（6）在任意一条线上用上一个关键词。关键词是表达核心意思的自获词，不必注重词性，但是要具体、有意义，这样才能帮助回忆。

单一的词语让思维导图显得更直接。任意一个关键词就好比大树的重要枝干，而后衍生出越来越多次级枝权。

（7）从头到尾使用图形。思维导图上的任意一个图形，都比语言文字更有助于强化记忆。

在具体应用中，男孩可以按照上面教的方法来绘制自己的思维导图，使思维导图成为自己学习的有效工具，成为提高成绩的催化剂。

激发男孩的学习兴趣

俗话说："兴趣是最好的老师。"最高效的学习是按照自己的兴趣来学习。

如果想轻松地学习，并且学有所成，那么只有一个秘诀，就是从兴趣开始。兴趣可以点燃激情，是做好任何事情的原动力。

英国伟大的生物学家达尔文作为进化论的奠基人，曾用五年的时间进行环球旅行，对大自然有着特别深刻的了解，他所著的《物种起源》一书对生物科学研究起着重大作用。幼年时的达尔文就喜欢研究周围环境，喜欢研究问题。

一天，达尔文跟爸爸去花园，花园里开满了五颜六色的花，特别漂亮，他见到其他花儿五颜六色，然而报春花却只有黄色和白色，就对爸爸说："要是报春花像其他花一样有很多美丽的颜色，那该多好啊！"

爸爸笑着对他说．"你真是小幻想家，那就好好努力，爸爸相信你能发现其他的颜色的报春花。"

两天后，达尔文又对爸爸说："我已经想到了一个特别好的办法，你等我变出一朵红色的报春花送给你。"

爸爸特别高兴："好好好，我的小宝贝，爸爸相信你，这会是英国第一朵红色报春花啊。"

过了几天，达尔文兴高采烈地跑到爸爸面前，把手伸到爸爸跟前说："爸爸，快看呀！"

爸爸惊讶地看到儿子手里拿着一朵红色的报春花，煞是美丽。

"它是怎么变出来的？"爸爸惊奇地问道。

"我自己研究的。"达尔文骄傲地回答道。

"爸爸，您不是说过吗，花任何时候都在用根部吸水，然后再将水传到身体的各个部位。所以我就想，如果报春花喝了红色的水，那么花朵会不会就变成红色呢？昨天，我采了一朵白色的报春花，将它插到红墨水里，今天它果然变成红色报春花了！"

正是因为达尔文从小就对大自然感兴趣，而且一直保持不变，通过孜孜不倦的探索，最终成为伟大的生物学家。他一生致力于生物研究，造福了全人类。

试想一下，假如父母注重培养孩子的兴趣，让他们按照兴趣来做事，学习不就变成了一件快乐的事情吗？培养男孩的兴趣，是让他们变得优秀、变得有力量的一种方式。同时也可以通过兴趣带动男孩努力学习，提高成绩，成为一个优等生。

1. 不喜欢的学科应该从简单学起

有些父母常常会听到男孩抱怨学习：不喜欢英语，或者对数学不感兴趣，又或者讨厌历史课。

试想一下，如果孩子不爱他所学的科目，但又不能不学，当他做这些科目的作业时，心情也不会好。如果学习没有激情和动力，学习时不但心情不好，效率也不高。

事实上，男孩都会遇到不爱学的科目，学习成绩好的男生也会这样，这时父母应该帮助他们学会调节，改变自己的态度，重新培养兴趣。他不喜欢学习某一科目，可能是因为他还没有足够了解这个科目。当男孩充分地感受到某门学科对自己的重要性，就会自觉去学习。在这方面，哈佛的学生都有一个小小的窍门：如果想学好一门学科，先从这门学科基础简单的知识入手，逐渐培养自己的兴趣。

父母应该让孩子拿出充裕的时间，对这个学科进行分析，总结出本学科的重要性，找出自己不喜欢的原因，并努力克服，让自己重新对这门学科感兴趣。

分析该门学科时，首先要弄清学习的目的，即学习该门学科为了什么？

要了解每门学科的学习目的，可以去读一读书前的序言，或听老师讲解该学科的发展过程和趋势，或将各门学科放在国家社会发展的高度去看待。例如，学英语时盲目地去背单词和语法，往往是枯燥无味的，如果他们能够了解经济全球化和促进文化交流的意义，必然会认真学习，并对其产生兴趣。

此外，父母应该让男孩知道：心急吃不了热豆腐。有的男孩往往努力学习一两周，发现成绩提高不大，于是气馁、焦急。

父母应该让孩子明白：可以设定小的目标然后一个个实现，这样可以培养起对该学科的兴趣与信心，也就会喜欢上这一科。

2. 怎样培养男孩的学习兴趣

兴趣是最好的老师，它可以让男孩注意力集中，在愉悦气氛中取得好成绩。在学习中如果遇到不喜欢的科目，不应该逃避，逃避是不能解决问题的，最有效的方法是让自己面对。

如何培养男孩对不喜欢的学科的兴趣？下面是专家的一些建议：

（1）使用"报酬效应"。先诱发男孩对排斥的课程产生兴趣。在学习实践中，要让他们先强迫自己学习不喜欢的科目，并把它学懂、吃透，然后再去学自己喜欢的科目，循序渐进，直到对讨厌的科目产生兴趣。也就是说，用喜欢的科目作诱饵，来激发男孩对不爱学的科目的兴趣。比如，如果喜欢学习天文不喜欢数学，可以将数学融入天文学中，男孩就会逐渐发觉原来数学这么神奇；如果喜欢学习英语但是不喜欢历史，可以去看英文版的历史书，来补充自己的历史知识。

（2）没有心情学习或者情绪低落时，可以用游戏的方式来激励自己。"要学习的科目繁杂，不清楚从哪儿开始下手。""学什么都没有成功，那就放弃算了。"像这样面对学习自怨自艾，特别是在考试失利后，更加没有了自信心，很容易产生不想学习的情绪。摒弃不想学习的情绪要利用"抽签的学习方法"。将准备好攻读的科目写在纸条上做成签，抽到的科目即使勉强也要去学，以此提升对学习的兴趣。使用这样的学习方法而达成目标，心里也会有种成就感，这种方法在心理学上被称为"完成动机"。

与男孩一起制订学习计划

下面的跟踪调查来自耶鲁大学。

这项调查十分简单。 刚开始的时候，研究人员提问："你们有自己的目标吗？"10% 的学生给予肯定的答案。

研究人员又问第二个问题："如果有目标你们会把它写下来吗？"4% 的学生表示会写下来。

20 年以后，耶鲁大学的研究人员在世界各地追访曾经被调查过的学生，发现那些有目标并且将目标写下来的学生，不论从事业发展或是生活水平来说，都远远超过了其他那些没有这样做过的同龄人。 仅仅在财富方面，这 4% 的人所拥有的财富超过了其余 96% 的人。

目标不但引领财富，还教育我们做事情应该有目的性，不论这一目的是多么的具体或者抽象。 男孩的学习也不例外，只有建立一个明确又合适的目标，才能取得更大的进步。建立学习目标的同时可以让男孩知道学习内容。 现在的学习一方面是提高自身的能力素质，另一方面也是为今后能很好地融入社会做准备。

古人云："预则立，不预则废。"这可以看出学习前建立目标是多么的重要。 好的学习目标，可以带给男孩学习的动力，让他们把时间充分利用起来，最大限度地开发自己的潜能，提高学习成绩。

1. 让男孩制订一个合理的计划

学习计划应该合理、详细、灵活。 父母教导男孩制订学习计划应结合自己的实际情况，明确学习任务和目标。 让男孩知道制订计划的可行性，如果过高会不容易完成，从而产生自卑的心理；太低则会阻碍自己学习潜力的开发。 要制订出长远的和现在的计划，要把每学期、每周、每天的学习要点和进度都列出来，这样更容易完成也更容易检查。 做好学习计划，切忌语言烦琐和条理不清。

为了避免学了新知识，忘记旧知识，制订学习计划时最好把新旧知识糅合到一起。 摹画思维导图是很好的办法。

养成制订合理学习计划的好习惯在学习过程中是非常重要的，这样才能让得高分的梦想不致落空。

2. 督促男孩完成每天的计划

制订计划很容易，难的是按时保质地完成计划，这要有很强的自觉性，更要有很强的自控能力。 在日常生活中，父母应该告诉孩子，自己事先制订的计划要确保能够完成，不要把当天的任务拖到第二天完成，这样越积越多，达不到制订学习计划的目的，也会离最终目标越来越远。 这样不仅不能提高学习成绩，还会养成做事拖拉的坏习惯。 好比英语老师让他记下 20 个英语单词，而他就背了 15 个，第二天又是如此，这样两天下来他就有 10 个单词不会背。时间长了就和别的同学拉开了差距，更别说提高成绩了。所以父母要督促孩子养成当日事当日毕的好习惯。

为了确保顺利完成每天的学习计划，告诉他们一定要注意以下几个问题。

（1）要正确理解"一线"和"二线"之间的关系。计划中的"一线"，主要是指那些常规学习活动，例如课前预习、认真听讲、课后复习、认真完成作业等，目的是更好地将书本上的知识和老师讲的知识变成自己的知识。计划中的"二线"，指的是自己安排的课外学习活动，比如参加课外学习小组等。

"一线"是"二线"的基础，"一线"做得好，才能有更多的时间和精力用在"二线"上。"二线"任务假如完成得好就可以进一步发展自己的学习优势和特长，学习的热情就会逐渐增强，被动学习可能就会变成主动学习。

（2）落实计划还要有顽强刻苦的精神。学习如逆水行舟，不进则退。学习的过程中肯定会出现疲劳，这很正常，体力上的疲劳可以通过锻炼和合理安排时间来解决；而心理上的疲劳则必须通过意志来调整和克服。假如一个人没有坚强的精神和顽强的意志，再好的学习计划也不过是纸上谈兵，毫无意义。

3. 灵活应变，及时调整目标计划

学习过程中，父母要教会男孩变通。如果原本制定的学习计划被打乱，一定要及时合理地调整，只有这样，学习成绩

才能稳步上升。

关于如何调整学习计划需要注意以下几点：

（1）发挥机动时间的作用。 不论制订什么计划，一定要留出一些时间。 每天的学习计划中，至少应该留出半小时来进行机动安排。 主要是用来复习，将前一段时间所学的整理好，使之成为一个系统，如此一来可以加深记忆，以便更好地掌握知识，夯实自己的基础。

（2）根据各科成绩，合理调整时间安排。 学习中时常会出现偏科的现象，这时的侧重点就要体现在计划安排上，成绩不好的科目就多安排一些时间来学。 最好是在保证不会影响原本的学习计划的前提下，用留出来的机动时间进行查漏补缺，每天最少解决一个问题。

（3）每个学期要对学习计划的执行情况做一次总结。 每学期结束，依据考试成绩，做一个总结：原来的学习计划是否很好地完成？ 有没有收到很好的效果？ 有什么具体问题？新的学期该如何进行调整？

4. 完成计划后再做其他的事情

世界是丰富多彩的，没有一个孩子希望自己的生活中只有学习，都希望有一个多姿多彩的少年时光，都不希望一直做那些没完没了的习题。 那么如何做才能让男孩拥有更加美好的少年时光？ 就是要养成完成学习计划之后再做其他事的习惯。 但是这种习惯该怎样养成呢？ 父母可以参考下面的建议。

（1）要把学习和生活分开。 在协调生活和学习的时候，时间要适宜。 例如在周末的时候，一件事是要完成学习任务，还有一件事是去看望生病的同学，这两件事都很重要，不能放弃其中一个。这时候应该先集中精力来完成学习计划，然后再安心地去看望同学。千万不要在学习的同时想着去看望生病的同学，看同学的时候又因不满意自己的学习成果而心神不定，于是这两件事情都不能很好地完成。

（2）要分轻重缓急。先做重要的事情。假如当天的任务不重，可以先做别的事情来放松身体；如果学习任务比较繁重，就应该先完成学习任务，然后再做其他的事情。

童童，咱们这学期要把作文写好，数学和语文都要达到90分以上，你觉得可以吗？

没问题的，我觉得我能行！

我忘了写了，我今天就写！

咱们定的计划已经过去2个月了，你坚持写日记了吗？

孩子，从期中考试看，你数学学的还可以，是不是把时间给语文多分配点？

只有建立一个明确又合适的目标，才能取得更大的进步。建立学习目标，可以让男孩明确学习的内容。学习目标需要定期检查和及时调整。

好的，妈妈！

高情商家教思维

1.对于学习，孩子是否兴趣盎然、信心满满？ 如果不是，问题出在哪里？

_____

_____

_____

2.对于孩子的教育规划，你做了多久的？ 和孩子一起沟通了吗？

_____

_____

_____

3.在激发孩子学习兴趣方面，你觉得怎样做才有效？

_____

_____

_____

4.尝试一下用思维导图帮助孩子学习。

_____

_____

_____

5.你使用本书觉得最有收获的方面是：

_____

_____

_____